भाषा के विविध रूप और अनुवाद

भाषा के विविध रूप और अनुवाद

(यू.जी.सी. के नए पाठ्यक्रमानुसार)

प्रो. कृष्ण कुमार गोस्वामी

वाणी प्रकाशन

वाणी प्रकाशन

4695, 21-ए, दरियागंज, नयी दिल्ली 110 002

शाखा

अशोक राजपथ, पटना 800 004

फ़ोन: +91 11 23273167 फ़ैक्स: +91 11 23275710

www.vaniprakashan.in
vaniprakashan@gmail.com

BHASHA KE VIVIDH ROOP AUR ANUWAD
by Prof. Krishna Kumar Goswami

ISBN : 81-8143-326-2

Linguistic

संस्करण 2005, 2009

आवृत्ति 2012

मूल्य : ₹ 45

आर. टेक ऑफ़सेट, दिल्ली-110095 में मुद्रित

वाणी प्रकाशन का लोगो मक़बूल फ़िदा हुसेन की कूची से

अनुक्रम

भाषा के विविध रूप

1. हिंदी भाषा 11
2. संपर्क भाषा, राष्ट्रभाषा और राजभाषा 21
3. प्रयुक्ति की अवधारणाएँ और तकनीकी भाषा 24
4. कार्यालयी भाषा 30
5. साहित्यिक भाषा 37
6. वाणिज्य और व्यापार की भाषा 43
7. जनसंचार की भाषा 48
8. मशीनी भाषा 53

अनुवाद और पारिभाषिक शब्दावली

1. **अनुवाद क्या है** 61
   (क) अनुवाद का अर्थ और परिभाषा
   (ख) अनुवाद : कला, विज्ञान और शिल्प
   (ग) अनुवाद की प्रक्रिया
   (घ) अनुवाद में भाषिक स्तर
   (ङ) अनुवाद के प्रकार
   (च) मुहावरों और लोकोक्तियों का अनुवाद
   (छ) अनुवादक के गुण
2. **अनुवाद व्यवहार** 78
   (क) वाक्य स्तर पर
   (ख) अनुच्छेद स्तर पर (अंग्रेजी से हिंदी)
   (ग) अनुच्छेद स्तर पर (हिंदी से अंग्रेजी)
3. **पारिभाषिक शब्दावली** 104

भूमिका

भाषा का अध्ययन प्रायः तीन संदर्भों में किया जा सकता है। पहला, सैद्धांतिक संदर्भ जिसके अंतर्गत भाषावैज्ञानिक सिद्धांतों और नियमों के अंतर्गत भाषा का विवेचन होता है। दूसरा, विवरणात्मक संदर्भ, जिसके अंतर्गत भाषा-विशेष का विवरण प्रस्तुत किया जाता है। तीसरा, शैक्षणिक संदर्भ, जिसके अंतर्गत शैक्षिक दृष्टि से भाषा का विश्लेषण किया जाता है। इन तीनों के अलग-अलग संदर्भ और लक्ष्य हैं किन्तु प्रयोग और व्यवहार के परिप्रेक्ष्य में इनका एक सुनिश्चित क्रम होता है। अतः भाषा यदि विराट लोक समुदाय की थाती है तो उस भाषा की भाषायी संरचना और अनुप्रायोगिक प्रकार्य के कारण प्रयोजनामूलक स्वरूप को भी अपने भीतर समेटे हुए है।

हिन्दी आज उपर्युक्त तीनों स्थितियों से गुज़र रही है। शताब्दियों से लोकव्यवहार में प्रचलित हिन्दी जहाँ राष्ट्रभाषा की भूमिका निभा रही है, वहाँ गत कई दशकों से संविधान की परिधि में राजभाषा के रूप में सार्थक भूमिका भी निभा रही है। इसलिए हिन्दी का दायरा अधिकाधिक विस्तृत होता जा रहा है और वह लोकव्यवहार की सीमाओं को पार करते हुए प्रशासन, वाणिज्य-व्यापार, जनसंचार, विज्ञान, कंप्यूटर, साहित्य, शिक्षा आदि विभिन्न व्यावसायिक और व्यावहारिक कार्यक्षेत्रों में अपनी प्रयोजनमूलकता सिद्ध कर रही है। इसी प्रयोजनमूलकता के संदर्भ भाषा, राष्ट्रभाषा, राजभाषा, तकनीकी भाषा, कार्यालयी भाषा, वाणिज्यिक भाषा, जन संचारी भाषा, मशीनी भाषा, साहित्यिक भाषा के विभिन्न रूपों में अनुवाद की विशिष्ट भूमिका रहती है जो उसे दो-भाषा भाषी समाजों को परस्पर जोड़ती है। इसी परिप्रेक्ष्य में भी हिन्दी की भूमिका का विस्तार हो गया है और विभिन्न कार्यक्षेत्रों तथा विषय-क्षेत्रों में भारत को विश्व के साथ जोड़ती जा रही है, हालाँकि यहाँ उसे अंग्रेज़ी समुदाय के साथ जोड़ने का प्रयास किया गया है। इसीलिए हिन्दी

के प्रयोजनमूलक सूत्रों के संयोजन और अनुवाद जैसी अनुप्रायोगिक संभावनाओं को समन्वित करने का प्रयास किया गया है।

आशा है यह प्रयास पाठकं और छात्रों को अपना कुद योगदान कर सकेगा।

प्रो. कृष्ण कुमार गोस्वामी

प्रो. सैयद रहमतुल्ला

भाषा के विविध रूप

हिंदी भाषा

किसी भी लोकतांत्रिक देश में जनता और सरकार के बीच जनभाषा ही संपर्क की भाषा के रूप में सार्थक कार्य करती है। इसीलिए संविधान-निर्माताओं ने संविधान के अनुच्छेद 343 के अंतर्गत देवनागरी लिपि में लिखित हिंदी को संघ की राजभाषा के रूप में स्वीकार किया। हिंदी को यह सम्मान इसलिए नहीं दिया गया कि इसका साहित्य अन्य भारतीय भाषाओं के साहित्य से श्रेष्ठ है या यह भाषा सबसे प्राचीन भाषा है। वास्तव में अन्य कई भारतीय भाषाओं का साहित्य हिंदी से अधिक श्रेष्ठ है और कई भाषाएँ इससे पुरानी भी हैं। हिंदी को सम्मान इसलिए दिया गया क्योंकि भारत में इस भाषा को बोलने वाले और समझने वाले अन्य भाषाओं से अधिक हैं। मातृभाषा के रूप में इसका व्यवहार क्षेत्र अन्य भाषाओं की अपेक्षा सर्वाधिक है और दूसरी भाषा के रूप में इसे बोलने वालों की संख्या भी सबसे ज़्यादा है। 1981 की जनगणना के अनुसार हिंदी को मातृभाषा के रूप में बोलने वालों की संख्या लगभग साढ़े 26 करोड़ है। इसके अतिरिक्त हिंदीतर प्रदेशों में यह दूसरी या तीसरी भाषा के रूप में बोली जाती है। इस प्रकार भारत की समूची जनसंख्या का एक तिहाई से अधिक भाग हिंदी भाषी है और हिंदीतर भाषी प्रदेशों के चौथाई भाग की यह संपर्क भाषा है। इसीलिए संविधान-निर्माताओं ने इसे संघ की राजभाषा के रूप में मान्यता दी थी।

हिंदी का नामकरण

हिंदी शब्द का प्रयोग फ़ारस और अरब से प्रारंभ होता है। वास्तव में संस्कृत शब्द 'सिंधु' से हिंदी शब्द उद्भूत हुआ है। यह सिंध नदी के आस-पास की भूमि का नाम है। ईरानी में 'स' का उच्चारण 'ह' होता है, इसलिए 'सिंधु' का रूप **'हिंदू'** हो गया और बाद में 'हिंद' शब्द पूरे भारत के लिए प्रयुक्त होने लगा। इसमें ईरानी का 'ईक' प्रत्यय लगाने से 'हिंदीक' शब्द बना जिसका अभिप्राय

है 'हिंद का'। कहा जाता है कि इसी 'हिंदीक' शब्द से यूनानी शब्द **'इंदिका'** और वहीं से ी शब्द 'इंडिया' बना है। विद्वानों के मतानुसार **'हिंदीक'** से 'क' अक्षर के लोप हो जाने से 'हिंदी' शब्द बन गया जिसका मूल अर्थ 'हिंद का' होता है।

छठी शताब्दी के कुछ पहले ईरान में भारत की भाषाओं के लिए 'ज़बान-ए-हिंदी' का प्रयोग होता था। ईरान के प्रसिद्ध बादशाह नौशेरवाँ (531-579 ई.) ने अपने एक विद्वान हकीम बजरोया को 'पंचतंत्र' का अनुवाद कर लाने के लिए भारत भेजा था। बजरोया ने अपने अनुवाद में 'कर्कटक और दमनक' का 'कलीला और दिमना' नाम रखा। नौशेरवाँ के मंत्री बुजर्च मेहर ने इसकी भूमिका लिखते हुए इस अनुवाद को 'ज़बान-ए-हिंदी' से किया हुआ कहा है। यहाँ 'ज़बान-ए-हिंदी' से अभिप्राय भारतीय भाषा अर्थात् संस्कृत से है। इसके बाद पद्य और गद्य में कई अनुवाद हुए और इन सभी अनुवादों में मूल पुस्तक को 'ज़बान-ए-हिंदी' ही कहा गया। संस्कृत के लिए यह नाम दसवीं शताब्दी तक चलता रहा। इसके पश्चात 1227 ई. में मिनहाजुस्सिराज ने अपनी पुस्तक 'तबकाते नासिरी' में 'ज़बान-ए-हिंदी' के संदर्भ में विहार का अर्थ 'मदरसा' रखा। इससे यह संकेत मिलता है कि इस काल में 'ज़बान-ए-हिंदी' का प्रयोग संस्कृत के लिए न होकर भारतीय भाषा या भारत के मध्य भाग अर्थात् मध्यदेशीय बोलियों के लिए हो रहा था।

14वीं शताब्दी में 'हिंदी' शब्द का प्रयोग एक ही भाषा के लिए होने लगा। सन् 1333 ई. में इब्न बतूता ने अपने 'रेहला इब्न बतूता' में 'किताबत अलाबाज अलजदरात विल हिंदी' अर्थात् 'कुछ दीवारों पर हिंदी में लिखा था', उल्लेख किया है। सन् 1424 ई. में तेमूरलंग के पोते के शासनकाल में शरफुद्दीन यज़्दी के 'जफ़रनामा' में 'हिंदी' शब्द मिलता है। इस प्रकार विदेश में हिंदी भाषा के लिए 'हिंदी' शब्द का प्रथम प्रयोग माना जाता है। यह प्रयोग वस्तुतः मुसलमानों द्वारा प्रारंभ हुआ था।

भारतीय परंपरा में 'प्रचलित भाषा' के लिए प्राचीन काल से ही **'भाषा'** शब्द का प्रयोग होता आया है जो क्रमशः संस्कृत, प्राकृत और बाद में हिंदी के लिए प्रयुक्त हुआ है। कबीर, जायसी, तुलसी आदि ने अपने साहित्य में प्रयुक्त भाषा को 'भाषा' की संज्ञा दी है जबकि वह हिंदी थी। जैसे–

संस्कृत कबिरा कूप-जल भाषा बहता नीर।

—कबीर

आदि अंत जसि कथ्था अहै, लिखि भाषा चौपाई कहै।

—जायसी

भाषा भनति मोर मति थोरी।

—तुलसी

फोर्ट विलियम कॉलिज में हिंदी के लिए 'भाषा मुंशी' का प्रयोग हुआ है। यह 'भाषा' शब्द बाद में 'भाखा' के रूप में भी प्रयुक्त होता रहा जो आधुनिक काल तक चलता रहा। वास्तव में 'भाखा' शब्द ब्रजभाषा के लिए रूढ़ हो गया।

विद्वानों का कथन है कि भारत में 'हिंदी' शब्द का प्रयोग सर्वप्रथम अमीर खुसरो ने किया था—जुज्वे चंद नज़्में हिंदी नीज़ नज़ेदोस्तां करदा शुदा अस्त। बाद में 'खालिकबारी' कोश में इसका प्रयोग कई बार हुआ है। यह भी उल्लेखनीय है कि 'हिंदी' की अपेक्षा 'हिंदवी' शब्द अधिक प्राचीन है। हिंदी, हिंदवी या हिंदुई शब्द एक ही अर्थ का संकेत करते हैं। वास्तव में भाषा के अर्थ में हिंदवी या हिंदुई शब्द का प्रयोग अमीर खुसरो ने भी कई स्थलों पर किया है। एक स्थान पर वे कहते हैं—तुर्क हिन्दुस्तानिम मन हिन्दवी गोयम जवाब "अर्थात् हिंदुस्तानी तुर्क हूँ, हिंदवी में जवाब देता हूँ।" यह भी तर्क दिया जाता है कि हिंदी शब्द का प्रयोग पहले भारतीय मुसलमानों के लिए होता था और 'हिंदुवी' शब्द मध्यदेशीय भाषा के संदर्भ में। यह 'हिंदवी' शब्द वस्तुतः हिंदुवी या हिंदुई है। कुछ विद्वान इसे हिंदुओं की भाषा भी कहते हैं—(हिंदू + ई अर्थात् हिंदुओं की भाषा)। बाद में यह हिंदुवी शब्द हिंदी भाषा के लिए प्रयुक्त होने लगा। इस दृष्टि से 'हिंदुवी' शब्द पुराना है और 'हिंदी' अपेक्षाकृत बाद का। तुलसी के 'फारसी पंचनामे', जटमल की 'गोरा बादल की कथा' तथा इंशा अल्ला खां की 'रानी केतकी की कहानी' में भी केवल हिंदवी शब्द समानार्थी हो गए। 18वीं शताब्दी के उत्तरार्द्ध तक हिंदुवी 'भाखा' या 'भाषा' के संदर्भ में प्रयुक्त होती रही। हातिम के 'दीवानज़ादे' के दीबाचे में लिखा है 'ज़बान हर दार ता बहिन्दवी कि आरां माका गोयन्द'। इससे स्पष्ट होता है कि 'हिंदुवी' और 'भाखा' प्रायः एक ही अर्थ में प्रयुक्त होते थे। किंतु हिंदुवी या हिंदी का नाम अकबर की शासनकालीन स्वीकृत भाषाओं में उपलब्ध नहीं होता। अमीर खुसरो के ग्रंथ 'नुहसिपर' में उस काल की जिन ग्यारह भाषाओं—सिंधी, लाहौरी, कश्मीरी, बंगाली, गौड़ी, गुजराती, तिलंगी, मावरी (कोंकणी), ध्रुवसमुंदरी, अवधी, देहलवी—का जो उल्लेख हुआ है, उनमें हिंदवी या हिंदी नाम नहीं है। इसी प्रकार अबुल फज़ल के 'आइने अकबरी' में जो बारह नाम—देहलवी, मुलतानी, मारवाड़ी, गुजराती, मराठी, तिलंग, कर्नाटकी, बंगाली, सिंधी, अफ़गानी, बलूचिस्तानी, कश्मीरी मिलते हैं उनमें भी हिंदी या हिंदवी का उल्लेख नहीं है। किंतु ऐसा माना जाता है कि खुसरो और अबुल फ़जल ने 'देहलवी' भाषा का जो उल्लेख किया है वह मध्यदेशीय भाषा या हिंदी से ही

अभिप्रेत है। इस संदर्भ में यह कहा जा सकता है कि हिंदवी या हिंदी शब्द कदाचित् साहित्य तक ही सीमित हो।

हिंदी या हिंदवी शब्द के अविच्छिन्न प्रयोग की परंपरा दक्खिनी कवियों और गद्यकारों में भी पाई जाती है। 14वीं शताब्दी में हजरत बंदेनवाज गेसूदराज ने 'हिंदवी' शब्द का प्रयोग किया है :

जबां हिंदुई मुझ सो हूँ देहलवी
न जानूं अरब हौर अजम मसनवी।

शाह अशरफ ने अपनी 'नौसर हार' (1503 ई.) में लिखा है :

नज्म लिखी सब मौजू आन
ये सबू हिंदवी कर आसान।

शाह बुरहानुद्दीन जानम बीजापुरी ने 'इर्शादनामा' (1583 ई.) में कई बार हिंदी का प्रयोग किया है :

यह सब बोलू हिंदी बोल। पुनतूँ एन्हीं सेती घोल।।
ऐबेन राखे हिंदी बोल। मानी तो चख दीखें खोल।।

हिंदी बोल ने किया बरवान
जे कर प्रसाद भी मुंज ग्यान।।

दक्खिनी के प्रारंभिक साहित्य में इसे प्रायः हिंदी की संज्ञा दी गई है। मीराजू शम्सुल इश्शाक ने अपने 'खुशनामा' (1582 ई.) में कहा है :

है अरबी बोल केरे। और फारसी भौतेरे।
ये हिंदी बोलू सब। उस अर्तों के सबब।।

मुल्ला वजही ने अपने गद्यकृति 'सबरस' (1635 ई.) में हिंदी के संबंध में कहा है :

"हिंदोस्तान में हिंदी ज़बान सूँ इस लताफ़त, इस छंदा सू नज़्म और नस्र मिला जुला कर मों नई बोल्या" अर्थात् "हिंदुस्तान में हिंदी भाषा में इस छंद में पद्य और गद्य मिलाकर इस प्रकार किसी ने पहले नहीं कहा।"

इस प्रकार हिंदवी या हिंदी शब्द का प्रयोग मध्यदेश की जनभाषा के अर्थ में चल रहा था और वह उत्तर भारत से दक्षिण भारत में भी जा पहुँचा। दक्षिण भारत में इसे 'दक्खिनी' कहा जाता था। केरल में भी उत्तर भारत से आने वाले संत और तीर्थ यात्री यह भाषा ले गए और इसे वहाँ 'गोसाई' या 'गोसाईं' भाषा कहा जाता था। पूर्व और पश्चिम भारत में यह भाषा 'भाखा' के नाम से जानी जाती थी। 18वीं शताब्दी तक आते-आते 'हिंदी' नाम ने अपना स्थायी रूप ले

लिया। 19वीं शताब्दी के पूर्वार्द्ध तक उर्दू के लेखकों में प्रायः हिंदी का प्रयोग उर्दू या रेख़्ता के समानार्थी रूप में चल रहा था। हातिम, नासिख, सौदा आदि ने एकाध स्थल पर अपने शेरों को 'हिंदी शेर' कहा है। ग़ालिब ने अपने पत्रों में उर्दू, हिंदी या रेख़्ता को कई स्थलों पर पर्यायवाची रूप में प्रयुक्त किया है। फोर्ट विलियम कॉलिज के गिलक्राइस्ट ने हिंदी, उर्दू, हिंदुस्तानी, रेख़्ता आदि को एक ही अर्थ में दिया है। इस प्रकार यह भाषा न तो अरबी-फ़ारसी की ओर झुकी हुई थी और न ही संस्कृत की ओर। इसके बाद स्थिति बदल गई जिसमें संस्कृत मिश्रित भाषा के लिए हिंदी शब्द और अरबी-फारसी शब्द से युक्त भाषा के लिए 'उर्दू' शब्द प्रयुक्त होने लगा। यह एक विडंबना रही है कि 19वीं शताब्दी के प्रथम 25 वर्षों में हिंदी या हिंदवी को हिंदुओं से जोड़ा गया और उर्दू या रेख़्ता या हिंदुस्तानी को मुसलमानों से। यही कारण है कि हिंदी शब्द विवादास्पद बना हुआ है। यह प्रश्न प्रायः उठता है कि उर्दू एक अलग भाषा है या हिंदी की एक शैली है। हिंदुस्तानी ने भी अपना अलग अस्तित्व बना लिया है जो बोलचाल की भाषा के रूप में बोली जाती है।

हिंदी की शैलियाँ

हिंदी का विकास खड़ी बोली से हुआ है लेकिन इसमें अन्य बोलियों और भाषाओं का भी योगदान कम नहीं है। यह 'खड़ी बोली' नाम हिंदी के मानक रूप को द्योतित करने के लिए प्रयुक्त हुआ था। यह बात अवश्य है कि इसके विकास में संस्कृत और अरबी-फारसी की विशेष भूमिका रही है। इसी कारण हिंदी के तीन शैली-रूप मिलते हैं। इधर अंग्रेज़ी के प्रभाव से एक अन्य शैली का भी जन्म हो रहा है जो अधिकांशतः शिक्षित समाज में प्रचलित है। इस दृष्टि से हिंदी की चार शैलियाँ मानी जा सकती हैं :

1. संस्कृतनिष्ठ हिंदी,
2. अरबी-फ़ारसी मिश्रित हिंदी,
3. सामान्य बोलचाल की हिंदी और
4. अंग्रेज़ी मिश्रित हिंदी।

संस्कृतनिष्ठ हिंदी में अधिकतर संस्कृत के तत्सम शब्द होते हैं। अरबी-फ़ारसी मिश्रित हिंदी के शब्दों का स्रोत अरबी और फ़ारसी भाषाएँ हैं। इसके अलावा यह भाषा-रूप अरबी-फ़ारसी लिपि में लिखे जाने के कारण भी उर्दू कहलाता है। सामान्यतः बोलचाल की हिंदी में संस्कृत तथा अरबी-फ़ारसी के तद्भव शब्द हैं, जो जनसाधारण की भाषा में खप गए हैं। इसे कुछ विद्वान हिंदुस्तानी या हिर्दू

भी कहते हैं। अंग्रेजी मिश्रित हिंदी मे प्राय अंग्रेजी के शब्द आ जाते हैं कहते हैं। इस शैली को अभी पूर्ण मान्यता नही मिली है।

इन चारों शैलियों के उदाहरण इस प्रकार हैं--

1. मोहन की पत्नी ज्वरग्रस्त है। (संस्कृतनिष्ठ हिन्दी)
2. मोहन की बीवी की तबीयत खराब है। (उर्दू)
3. मोहन की घरवाली को बुखार है। (हिन्दूस्तानी)
4. मोहन की वाइफ़ को फ़ीवर है। (इंगलिश)

इन शैली-रूपों को देखने से यह प्रश्न उठना स्वाभाविक अरबी-फ़ारसी के अधिक शब्दों के आ जाने से क्या वह नई भाषा है? हिंदी में अंग्रेजी और पुर्तगाली के नए शब्द आ जाने से क्या नई भाषा का जन्म हुआ। स्वयं अंग्रेजी में लेटिन, ग्रीक, फ्रेंच आदि अनेक शब्द हैं तो उस रूप का कोई दूसरा नाम रखा गया? 18वीं शताब्दी के अंत तक मुसलमानों की बोली को हिंदी या हिंदवी या हिंदुई के नाम से जाना जाता था तो फिर 'उर्दू' नाम क्यों पड़ा और हिंदी तथा उर्दू में इतना अंतर क्यों है? वास्तव में उर्दू का जन्म शाहजहानाबाद में हुआ। 'उर्दू' शब्द तुर्की भाषा का है, जिसका अर्थ है 'शाही शिविर'। जब मुगल बादशाह भारत आए तो उन्होंने यहाँ बड़े-बड़े फौजी पड़ाव डाले जिन्हें 'उर्दू-ए-मुअल्ला' कहा जाता था। 'उर्दू' की इस टकसाल में जो जुबान पैदा हुई वह शाही लोगों की जुबान बन गई, आम लोगों की नहीं। वास्तव में उर्दू भाषा का जन्म मुहम्मद बाकर 'आगाह' (1743-1805 ई.) और सैयद इंशा की दरियाए लताफत (1808 ई.) के अनुसार मुहम्मद शाह रंगीले के शासनकाल में हुआ। बोली के अनुसार 'उर्दू' शब्द का प्राचीनतम प्रयोग मसहफी (18वीं शताब्दी का उत्तरार्द्ध) की रचना में मिलता है।

उर्दू और हिंदी का भेद दिल्ली में नहीं था। दिल्ली में बोली जाने वाली मुसलमानों की भाषा और दक्कन में बोली जाने वाली दक्खिनी भाषा में जो शब्द भंडार है, उसमें हिंदी खड़ी बोली के प्रायः प्रचलित शब्द हैं। बाद में हिंदी के प्रचलित शब्दों को हटा कर उनके स्थान पर अरबी-फ़ारसी के शब्दों के प्रयोग की प्रवृत्ति चल पड़ी। यह प्रवृत्ति वास्तव में लखनऊ में प्रारंभ हुई और दिल्ली से अपने को श्रेष्ठ सिद्ध करने के लिए अलगाव का सिद्धांत अपनाया गया। उर्दू के अधिकतर शायर अवध के दरबार के थे और उनकी कविता का आधार मूल रूप से सामंतवादी था। इस प्रकार उर्दू का मूलाधार हिंदी है किंतु अलगाव के सिद्धांत के कारण फ़ारसी शब्दों, मुहावरों आदि का प्रयोग किया गया क्योंकि इसका आम जनता से कोई संबंध नहीं था। इस दृष्टि से यह कहा जा सकता

है कि उर्दू एक ओर हिंदी की एक विशिष्ट शैली है परंतु दूसरी ओर इसने एक विशिष्ट साहित्यिक और सांस्कृतिक परंपरा का निर्माण भी किया है जिसे हिंदी परंपरा के समानांतर रखा जा सकता है। इसी कारण इसकी अपनी भाषायी अस्मिता भी है। यह किसी वर्ग-विशेष या समुदाय-विशेष की भाषा नहीं है किंतु इन दोनों भाषाओं का प्रयोग सामाजिक-सांस्कृतिक स्तर या समुदाय विशेष के बीच प्रायः बोला जाता है। भाषायी दृष्टि से हिंदी और उर्दू दोनों रूप एक ही भाषा की दो शैलियाँ हैं।

स्वतंत्रता-संग्राम में हिंदुस्तानी भाषा की विशेष भूमिका रही है। महात्मा गांधी ने इस शब्द का अधिकाधिक प्रयोग किया है। वास्तव में 'हिंदुस्तानी' शब्द 'हिंदुस्तान + ई' के योग से बना है। विद्वानों के मतानुसार इस शब्द का प्राचीन प्रयोग, हिंदुई या हिंदुवी नामों से मिलता है। 13वीं शताब्दी में औफ़ी और अमीर खुसरो ने इन नामों का प्रयोग किया है। बाद में हिंदवी या हिंदुई नाम उस भाषा के लिए प्रयुक्त होने लगा जिसमें संस्कृत के शब्द अपेक्षाकृत अधिक थे और हिंदुस्तानी उस भाषा को कहा जाने लगा जिसमें अरबी और फ़ारसी के शब्दों का बाहुल्य था। बाद में हिंदुस्तानी हिंदी-उर्दू के बीच की भाषा मानी जाने लगी जिसमें संस्कृत और अरबी-फ़ारसी के तद्भव रूप थे। इसलिए यह स्वतंत्र भाषा के रूप में प्रयुक्त न होकर हिंदी की एक शैली के रूप में प्रयुक्त होती रही किंतु इसे भाषा का दर्जा स्वतंत्रता-संग्राम में उत्पन्न स्थितियों का परिणाम है। फोर्ट विलियम कॉलिज में हिंदुस्तानी को मूल मान कर निर्देश दिए गए (क) हाईकोर्ट की अर्थात् फ़ारसी शैली (ख) बीच की अर्थात् मान्य हिंदुस्तानी शैली और (ग) गंवारू हिंदवी। वास्तव में हिंदुस्तानी को चाहे जिस किसी रूप में स्वीकार किया हो किंतु यह निश्चित है कि इसका मूलाधार 'हिंदवी' को ही माना गया है। कॉलिज के प्रिंसिपल गिलक्राइस्ट के शब्दों में "हिंदुस्तानी का यह रूप कुछ ही समय पहले अरवी-फ़ारसी से निर्मित ऊपर की इमारत की है। जिस प्रकार अंग्रेज़ी के लिए फ्रांसीसी और लेटिन भाषा है उसी प्रकार हिंदुस्तानी के लिए फ़ारसी और अरबी माना जा सकता है। अगर अंग्रेज़ी का मूलाधार सेक्सन है तो हिंदुस्तानी का मूलाधार है हिंदवी"। प्रश्न उठता है कि जब फ्रांसीसी और लेटिन शब्दों के आ जाने से अंग्रेज़ी का नाम नहीं बदला तो गिलक्राइस्ट ने हिंदवी में अरबी-फ़ारसी के समावेश होने मात्र से उसे हिंदुस्तानी नाम देने की आवश्यकता क्यों समझी? यह स्थिति बड़ी भ्रामक लगती है। वास्तव में हिंदी-उर्दू भाषा को सांप्रदायिकता से जोड़कर इन दोनों भाषाओं को मज़हबी भाषा बनाने का जो कुप्रयास हुआ, उसे मिटाने के लिए महात्मा गांधी जैसे राजनेता और प्रेमचंद जैसे साहित्यकार ने 'हिंदुस्तानी'

को अपनाया। इस प्रकार हिंदुस्तानी कोई स्वतंत्र भाषा नहीं वरन् हिंदी की बोलचाल का एक सरल रूप है। यह हिंदी और उर्दू भाषा-रूपों का अवधारणापरक मूलाधार है जो अमूर्त होते हुए भी यथार्थपरक है। सुविख्यात विद्वान प्रो. अशोक केलकर ने इसे 'हिर्दू' नाम दिया है। इसका संबंध भाषा की प्रकृति से जुड़ा है जो इसे स्वाभाविक शैली का रूप प्रदान करता है।

हिंदी का स्वरूप और क्षेत्र

हिंदी खड़ी बोली का मानक रूप है और व्यापक अर्थ से अपनी सीमा को पार कर क्षेत्र-निरपेक्ष भाषा बन गई है। यह केवल हिंदी भाषी क्षेत्र तक सीमित न रहकर समूचे भारत की सार्वदेशिक भाषा बन गई है। शिक्षा, प्रेस आदि से इसका रूप काफी स्थिर हो गया है। इसमें अपनी बोलियों के साथ-साथ अन्य भारतीय भाषाओं और अंग्रेज़ी के शब्द भी काफी मात्रा में समाविष्ट हो गए हैं। इसका प्रयोग विभिन्न कार्य क्षेत्रों में होने लगा है और इसकी पारिभाषिक शब्दावली का भी विकास होने लगा है। इस प्रकार हिंदी का शब्द-भंडार विभिन्न भाषाओं के प्रभाव को ग्रहण करते हुए और नए शब्दों को अपनाते हुए समृद्ध होता जा रहा है।

आधुनिक संदर्भ में हिंदी का प्रयोग मुख्यतः तीन अर्थों में हो रहा है :

1. भौगोलिक अर्थ में
2. साहित्यिक अर्थ में
3. प्रयोग-विस्तार के अर्थ में

भौगोलिक अर्थ में हिंदी का प्रयोग हिंदी भाषी प्रदेशों में बोली जाने वाली अट्ठारह बोलियों के क्षेत्र के रूप में हो रहा है। ये बोलियाँ हैं—खड़ी बोली, ब्रजभाषा, अवधी, भोजपुरी, हरियाणवी (बांगरू), कनौजी, मैथिली, बघेली, छत्तीसगढ़ी, मगही, बुंदेली, जयपुरी (ढूँढारी), मारवाड़ी, मेवाती, मालवी, गढ़वाली, कुमाऊँनी और हिमाचली। कुछ विद्वानों ने इन बोलियों को पाँच उपभाषाओं के अंतर्गत रखा है—पश्चिमी हिंदी, राजस्थानी, बिहारी, पूर्वी हिंदी और पहाड़ी। लेकिन यह वर्गीकरण भ्रामक और काल्पनिक है, अतः स्वीकार्य नहीं है। यहाँ यह भी उल्लेखनीय है कि सन् 1850 से पहले हिंदी में पंजाबी को भी शामिल किया जाता था। 1812 ई. में टेलर ने फोर्ट विलियम कॉलिज की रिपोर्ट में पंजाबी को हिंदी के अंतर्गत रखा था। सन् 1853 में तो रायल एशियाटिक सोसायटी की पत्रिका के जनवरी अंक में सर एरस्किन पेरी ने भारतीय भाषाओं का विभाजन करते हुए सिंधी, पंजाबी और मुलतानी को हिंदी की बोली के रूप में स्वीकार किया और मैथिली को हिंदी की बोलियों में न रखकर बंगाली की बोली माना। इसके अतिरिक्त

1947 ई. से पहले तक कुछ विद्वान नेपाली को भी हिंदी की बोली मानते थे किंतु बाद में नेपाली को हिंदी की बोलियों में से हटा दिया गया। इस प्रकार हिंदी का क्षेत्र काफी व्यापक था।

साहित्यिक अर्थ में इसका प्रयोग साहित्य अथवा काव्य क्षेत्र में खड़ी बोली, ब्रजभाषा, अवधी, मैथिली तथा राजस्थानी (मारवाड़ी) के रूप में माना गया है। इन बोलियों में हिंदी के पद्य और गद्य काव्य की रचना हुई है।

प्रयोग विस्तार के अर्थ में यह खड़ी बोली से विकसित मानक भाषा है जिसका प्रयोग भारत संघ की राजभाषा के रूप में हो रहा है। अन्य बोलियों में लोक साहित्य की रचना हो रही है। इस दृष्टि से हिंदी व्यापक अर्थ में अक्षेत्रीय और सार्वदेशिक भाषा है जो समूचे भारत में बोली और समझी जाती है।

हिंदी का क्षेत्र बिहार, उत्तर प्रदेश, हिमाचल प्रदेश, हरियाणा, राजस्थान, मध्यप्रदेश, झारखंड, उत्तरांचल, छत्तीसगढ़ तथा दिल्ली तक फैला हुआ है। इन्हें हिंदी भाषी क्षेत्र कहा जाता है। इन दस प्रदेशों की सीमाएँ पश्चिमी बंगाल, उड़ीसा, महाराष्ट्र, गुजरात और पंजाब के राज्यों के साथ जुड़ी हुई हैं। यह महाराष्ट्र, गुजरात, पंजाब, अंडमान-निकोबार और गोवा प्रदेशों में दूसरी भाषा के रूप में बोली जाती है। इसके अतिरिक्त इस भाषा का प्रयोग हैदराबाद, मैसूर आदि दक्षिण के कई क्षेत्रों में होता है जिसे 'दक्खिनी हिंदी' कहते हैं। इस प्रकार हिंदी अपने प्रदेशों में केवल मातृभाषा और प्रथम भाषा के रूप में ही नहीं बोली जाती बल्कि अन्य प्रदेशों में भी इसके बोलने वालों की संख्या काफ़ी है।

हिंदी का व्यवहार क्षेत्र

हिंदी का व्यवहार क्षेत्र इतना व्यापक हो गया है कि भारत के अधिकांश क्षेत्रों में इसका प्रयोग संपर्क भाषा के रूप में होता है। अलग-अलग बोलियों और भाषाओं के व्यक्ति इसी भाषा में बातचीत करते हैं। इस दृष्टि से हिंदी के तीन स्वरूप मिलते हैं—(1) जनपदीय स्वरूप (2) राष्ट्रीय स्वरूप और (3) अंतर्राष्ट्रीय स्वरूप।

जनपदीय भाषा के रूप में हिंदी अलग-अलग बोली बोलने वालों के लिए अपने हिंदी समाज की अलग पहचान बनाए रखने का सशक्त साधन है। हिंदी भाषी राज्यों में बोली बोलने वाले लोग अपने-अपने क्षेत्रों में अपनी बोली ब्रज, अवधी, भोजपुरी, खड़ी बोली, हरियाणवी आदि का प्रयोग मातृभाषा के रूप में करते हैं। अन्य बोली बोलने वालों के साथ वे इसका प्रयोग प्रथम भाषा के रूप में करते हैं। प्रथम भाषा वह भाषा होती है जिसका व्यवहार व्यक्ति सब से अच्छी तरह से करता है, चाहे वह उसकी मातृभाषा न भी हो। यह भाषा शिक्षा और

जन संचार की भाषा की भूमिका निभाती है। इस प्रकार हिंदी भाषी राज्यों में खड़ी बोली, ब्रज, हरियाणवी, कनौजी, बुंदेली, अवधी, बघेली, छत्तीसगढ़ी, भोजपुरी, मगही, मैथिली, ढूँढाणी, मारवाड़ी, मेवाती, मालवी, हिमाचली, गढ़वाली, कुमाऊँनी अट्ठारह प्रमुख बोलियों के बीच हिंदी संपर्क भाषा के रूप में काम करती है।

हिंदी भाषा का प्रयोग हिंदी भाषी क्षेत्रों तक ही सीमित नहीं है, वरन् पूरे भारत में यह भाषा प्रयुक्त होती है। यही इसका **राष्ट्रीय स्वरूप** है। राष्ट्रीय संदर्भ में हिंदी के दो रूप दिखाई देते हैं—एक, लोकभाषा के रूप में और दूसरा राजभाषा के रूप में। **लोकभाषा के रूप** में हिंदी हिंदीतर भाषियों द्वारा प्रमुख औद्योगिक केंद्रों, रेलवे प्लेटफार्मों, तीर्थस्थलों, ऐतिहासिक स्थानों, पर्यटन केंद्रों आदि में प्रयुक्त की जाती है। इसके साथ ही हिंदी फिल्मों और दूरदर्शन में भी हिंदी का लोकभाषा रूप हिंदीतर भाषियों में निखर कर आया है। **राजभाषा के रूप** में हिंदी राजनीतिक और आर्थिक दृष्टि से एकता के सूत्र में बाँधने की भाषा है। सरकारी कामकाज की भाषा के रूप में यह सरकार और जनता को मिलाती है। अंडमान-निक़ोबार द्वीप समूह में भी यह राजभाषा के रूप में प्रयुक्त होती है। यह इसकी प्रयोजनमूलक भूमिका है। इस प्रकार हिंदी समूचे भारत की सामाजिक अस्मिता का आधार है। यह भारत के अन्य भाषा-भाषी वर्गों के परस्पर वढ़ रहे निरंतर संपर्क से अंतर-भारती स्वरूप धारण करती जा रही है। इस कारण यह भाषा भारत की विभिन्न संस्कृतियों को अपने भीतर समेट रही है।

अंतर्राष्ट्रीय संदर्भ में हिंदी का प्रयोग भारत से बाहर भी हो रहा है। नेपाल, बंगलादेश, श्रीलंका, अफ़ग़ानिस्तान, सिंगापुर के बड़े-बड़े नगरों में हिंदी समझने वाले काफी संख्या में मिल जाते हैं। मॉरीशस, फीजी, सूरीनाम, त्रिनिदाद, गुयाना आदि दूरस्थ देशों में हिंदी का काफी प्रयोग होता है। इन देशों में भारतीय मूल के लोग रहते हैं, जिनके पूर्वज डेढ़-दो सौ वर्ष पूर्व भारत से मजदूर के रूप में नौकरी करने गए थे और वहीं बस गए थे। ये लोग हिंदी का प्रयोग न केवल भाषा व्यवहार में लाते हैं बल्कि इसे अपनी संस्कृति का एक अंग भी मानते हैं। इन देशों में भारतीय मूल की जनता में सामाजिक-सांस्कृतिक अस्मिता का प्रतीक है। इसके अतिरिक्त जापान, कोरिया, चीन, रूस, ब्रिटेन, फ्रांस, जर्मनी, रोमानिया, अमेरिका आदि विभिन्न देशों के कई विश्वविद्यालयों में हिंदी का अध्ययन-अध्यापन हो रहा है। विश्व के अनेक देशों में प्रयोजन की दृष्टि से हिंदी का प्रयोग होता है।

इस प्रकार हिंदी का व्यवहार-क्षेत्र न केवल जनपदीय और राष्ट्रीय स्तरों पर है वरन् अंतर्राष्ट्रीय स्तर पर भी मिलता है।

संपर्क भाषा, राष्ट्रभाषा और राजभाषा

भारत एक बहुभाषी देश है। सन् 1961 की जनगणना के अनुसार भारत में मातृभाषा के रूप में 1652 भाषाएँ बोली जाती हैं। सन् 1971 की जनगणना के अनुसार 33 भाषाएँ प्रमुख भाषाएँ हैं जिनके बोलने वाले दस लाख से अधिक माने गए थे। ये मातृ भाषाएँ किसी एक भाषा परिवार की न होकर आर्य भाषा परिवार, द्रविड़ भाषा परिवार, आस्ट्रिक भाषा परिवार और भोट-बर्मी भाषा परिवार की हैं। इन मातृभाषाओं में कई भाषाएँ हैं और कई बोलियाँ हैं। इन्हीं में संविधान की अष्टम् अनुसूची में उल्लिखित हिंदी, उर्दू, गुजराती, मराठी, कोंकणी, सिंधी, तमिल, तेलुगु, मलयालम, कन्नड़, पंजाबी, डोगरी, बंगाली, उड़िया, असमिया, कश्मीरी, मैथिली, संथाली, बोडो, मणिपुरी, नेपाली, संस्कृत 22 भाषाएँ हैं जिनकी संख्या भारत की आबादी का 95 प्रतिशत है। इस प्रकार चार मुख्य भाषा-परिवारों की इतनी संख्या में बोली जाने वाली मातृभाषाओं के होते हुए भी भारत की संप्रेषण व्यवस्था नहीं टूट पाई है। इसका कारण है भारत में संपर्क भाषा के रूप में सिद्ध भाषाओं की एक अटूट श्रृंखला है जो एक ओर अंतर प्रादेशिक स्तर पर प्रयोजन सिद्ध भाषाओं का काम करती है और दूसरी ओर अखिल भारतीय स्तर पर ये भाषाएँ हिंदी की संप्रेषण-व्यवस्था में महत्त्वपूर्ण कार्य कर रही हैं। इस दृष्टि से यह स्पष्ट है कि हर भाषा अथवा बोली अपने स्तर पर संपर्क भाषा या संपर्क बोली है किंतु राष्ट्रीय स्तर पर हिंदी-उर्दू अथवा अंग्रेज़ी सापेक्षतया अधिक सिद्ध भाषाएँ हैं। जब कभी प्रमुख भाषा अपने क्षेत्र के बाहर व्यवहार में आती है तो वह व्यावहारिकता, प्रयोजन सिद्धि और प्रसार की दृष्टि से प्रभुता संपन्न भाषा बन जाती है। अतः हिंदी-उर्दू और अंग्रेज़ी की स्थिति भी यही है।

वास्तव में जब कोई भाषा संपर्क भाषा अथवा 'लिंग्वा फ्रेंका' के रूप में उभरती है तो वह राष्ट्रीयता और राष्ट्रिकता से प्रेरित होकर प्रभुतासंपन्न भाषा बन जाती है, चाहे उनके बोलने वाले अधिक हों या नहीं। राष्ट्रीयता राष्ट्र के

भावात्मक पक्ष को उजागर करती है। और राष्ट्रिकता अपने भीतर देश की भौगोलिक पहलुओं को अपने भीतर समेटे हुए है। हिंदी की स्थिति अपनी सार्वदेशिक व्यापकता के कारण भिन्न है। हिंदी भाषी क्षेत्रों में यह प्रथम भाषा के रूप में बोली जाती है। शिक्षा और व्यवसाय के क्षेत्रों में इसका प्रयोग होता है। हिंदीतर भाषी राज्यों में यह द्वितीय भाषा अथवा तृतीय भाषा के रूप में प्रयुक्त होती है। भारत संघ और दस हिंदी भाषी राज्यों तथा अंडमान-निकोबार की राजभाषा के रूप में प्रयुक्त होती है। इसके अतिरिक्त हिंदी हमारी सामाजिक-सांस्कृतिक अस्मिता की भी भाषा है। इस प्रकार हिंदी की व्यापकता के समक्ष अंग्रेज़ी बिलकुल नहीं ठहरती। वह प्रशासनिक प्रयोजन की भाषा होते हुए भी संपर्क भाषा का रूप नहीं ले सकती।

बहुभाषी देश की संप्रेषण-व्यवस्था को बनाए रखने के लिए संपर्क भाषा अर्थात् बृहत्तर आयाम पर 'लिंग्वा फ्रेंका' का जन्म होता है। इसी संपर्क भाषा से राष्ट्रभाषा और राजभाषा के रूप उभरते हैं। राष्ट्रभाषा का संबंध राष्ट्रीयता से है। इसका अभिप्राय यह है कि राष्ट्रभाषा का संबंध राष्ट्रीय चेतना से जुड़ा हुआ है और राष्ट्रीय चेतना का संबंध सामाजिक-सांस्कृतिक चेतना से है। इसका संबंध 'भूत' और 'वर्तमान' के साथ होता है जो अपनी महान् परंपरा के साथ जुड़ा होता है। इन राष्ट्रीय भावनाओं के सहारे समाज राष्ट्रीय स्तर पर अपने समाज और संस्कृति के साथ तादात्म्य स्थापित करता है और अपनी सामाजिक अस्मिता सिद्ध करता है। इस प्रकार राष्ट्रभाषा राष्ट्र के लिए सामाजिक-सांस्कृतिक अस्मिता की भाषा की अभिव्यक्ति के रूप में कार्य करती है। यह भाषा जन-संपर्क, शिक्षा, पर्व-उत्सव आदि विभिन्न सामाजिक-सांस्कृतिक विभिन्न व्यवहार-क्षेत्रों में प्रयुक्त होती है। इस दृष्टि से हिंदी तथा अन्य भारतीय भाषाएँ भारत की सामाजिक, सांस्कृतिक और भावात्मक एकता के लिए राष्ट्रभाषा के रूप में काम कर रही हैं।

राजभाषा का संबंध राष्ट्रिकता से है। इसका अभिप्राय यह है कि राजभाषा राष्ट्र की आर्थिक प्रगति, राजनीतिक एकता और प्रशासनिक उद्देश्यों की पूर्ति के लिए होती है। यह सरकारी कामकाज में प्रयुक्त होकर जनता तथा शासन के बीच संपर्क पैदा करती है। यह राष्ट्रिकता भौगोलिक स्तर पर राष्ट्र को एकसूत्र में बाँधती है। प्रशासन, बैंकिंग, वाणिज्य व्यापार, जनसंचार, शिक्षा आदि कार्यक्षेत्रों में राजभाषा के कार्यों को निभाने के लिए हिंदी को उपयुक्त पाया गया। अतः संविधान के अनुच्छेद 343 में हिंदी को संघ की राजभाषा घोषित किया गया। आज हिंदी राष्ट्रभाषा और राजभाषा दोनों रूपों में कार्य करती है और अन्य भारतीय भाषाएँ अपनी स्वायत्त सत्ता रखते हुए हिंदी की सहयोगी भाषा के रूप में कार्य कर रही हैं। अखिल भारतीय स्तर पर हिंदी राजभाषा है और अन्य भारतीय

भाषाएँ अपने-अपने राज्यों में राजभाषा की भूमिका निभा रही हैं। यदि राष्ट्र की संकल्पना को समूचे भारत वर्ष पर लागू किया जाए तो हिंदी सामाजिक-सांस्कृतिक और भावात्मक एकता के लिए राष्ट्रभाषा की भूमिका निभा रही है। यदि भारत राष्ट्र को अन्य राष्ट्रों का संघ या समूह माना जाए तो अन्य भारतीय भाषाएँ अपने-अपने समाज में राष्ट्रभाषा के रूप में कार्य कर रही हैं। ये भाषाएँ अधीनस्थ भाषाएँ नहीं वरन् स्वायत्त और स्वतंत्र भाषाएँ है जो राष्ट्रीय स्तर पर हिंदी के विकास में सहयोग दे रही हैं।

इस प्रकार हिंदी भारत में राष्ट्रीय स्तर पर संपर्क भाषा का कार्य तो कर रही है, साथ ही राष्ट्रभाषा, लोकभाषा और राजभाषा की भूमिका भी निभा रही है।

प्रयुक्ति की अवधारणाएँ और तकनीकी भाषा

भाषा एक अमूर्त संकल्पना नहीं वरन् सामाजिक व्यवहार की वस्तु है। समाज में इसके प्रयोग में आने से कई रूप उभरने लगते हैं जिनसे भाषा भेद या भाषा प्रकार झलकने लगते हैं। वास्तव में भाषा अपने-आप में समरूपी है लेकिन प्रयोग में आने से वह विषमरूपी हो जाती है। दूसरे शब्दों में, एक ही भाषा में पाए जाने वाले प्रयोगगत भेदों के कारण भाषा-भेद दिखाई देते हैं। इसका कारण यह है कि मनुष्य का मस्तिष्क इतना सृजनशील है कि उसमें विभिन्न संदर्भों, स्थितियों तथा उद्देश्यों में भाषा-भाषी समुदाय का सदस्य अधिकाधिक भाषा-शैलियों का प्रयोग करता है और ये शैलियाँ सामाजिक, सांस्कृतिक तथा प्रयोजनपरक संदर्भों से नियंत्रित होती हैं। विभिन्न संदर्भगत और भूमिकागत प्रयोगों से व्यवहार में जो भेद पाए जाते हैं वे प्रयुक्ति कहलाते हैं। वास्तव में प्रकार्यात्मक अथवा प्रयोजनमूलक स्तर पर यह भाषा भेद किया जाता है जिसमें विभिन्न विषयों अथवा कार्यक्षेत्रों में प्रयुक्त भाषा एक विशिष्ट प्रकार की प्रयुक्ति कहलाएगी। तकनीकी, वैज्ञानिक, कार्यालयीन, बैंकिंग, साहित्यिक आदि क्षेत्रों की भाषा का रूप अलग ही होगा। प्रयुक्ति का मुख्य आधार प्रयुक्ति विशेष की तकनीकी और वैज्ञानिक शब्दावली है और यही उसका व्याकरण होगा। प्रयुक्ति की भाषागत संरचना और शाब्दिक अन्विति अपनी महत्त्वपूर्ण भूमिका निभाती है।

वस्तुतः प्रयुक्ति एक शैली ही है। शैली और प्रयुक्ति में अंतर केवल सामाजिक स्थिति और कार्यक्षेत्र के भेद के कारण किया गया है। शैली के संदर्भ में विभिन्न भूमिकाओं का प्राधान्य रहता है जबकि प्रयुक्ति कार्यक्षेत्र प्रधान है। प्रयुक्ति विशेष की शैली के लिए औपचारिक प्रशिक्षण की भी आवश्यकता रहती है जबकि सामाजिक शैली व्यक्ति अनौपचारिक सहज और स्वाभाविक रूप में सीखता है। प्रयुक्ति व्यवसाय या विषय-विशेष से जुड़ी हुई है जबकि सामाजिक शैली का संबंध सामाजिक परंपरा और संस्कृति से है। इस प्रकार प्रयुक्ति विशेष

शैली और सामाजिक शैली विभिन्न भूमिकाओं के कारण अलग-अलग है किंतु वे हैं भाषा-शैली के रूप ही। इस प्रकार प्रयुक्ति में जहाँ तकनीकी और वैज्ञानिक शब्दावली की आवश्यकता पड़ती है वहाँ विशिष्ट शाब्दिक अन्विति और भाषा संरचना भी सन्निहित रहती है। इस संदर्भ में हैलिडे, मैकिंतोश और स्ट्रेवेन्स भाषाविज्ञानियों ने इसके तीन आयामों की ओर संकेत किया है जिसे हम अपनी दृष्टि से देखेंगे।

(क) प्रोक्ति क्षेत्र : भाषा रूपों में विषय की तकनीकी या गैर-तकनीकी होने के कारण जो प्रयोगगत भेद दिखाई देते हैं, उन्हीं के आधार पर प्रयुक्ति को तकनीकी या गैर-तकनीकी रूप में वर्गीकृत किया जा सकता है। विषय के सिद्धांतों के प्रतिपादन की आवश्यकता के अनुरूप तकनीकी शब्दावली का प्रयोग होता है। इससे जो भाषा रूप उद्‌घाटित होता है, वह तकनीकी प्रयुक्ति के अंतर्गत माना जाएगा।

(ख) प्रोक्ति प्रकार : इसमें प्रयुक्ति को लिखित तथा मौखिक प्रयुक्तियों में विभाजित किया जा सकता है। विज्ञान की भाषा या इंजीनियरी की भाषा मुख्यतः लिखित प्रयुक्ति के अंतर्गत आती है। रेडियो तथा दूरदर्शन के समाचारों की भाषा मौखिक होते हुए भी लिखित रूप का पठित रूप है।

(ग) प्रोक्ति शैली : भाषा व्यवहार में संलग्न विषय के अनुरूप या व्यक्तियों के संबंधों के आधार पर या पाठक की दृष्टि से औपचारिक तथा अनौपचारिक भाषा रूप निर्धारित किए जा सकते हैं। उपर्युक्त आयामों के सम्मिलित आधार पर विज्ञान, विधि, इंजीनियरी की विशिष्टता देखी जाए तो ये विषय तकनीकी, लिखित और औपचारिक शैली-रूप होंगे जबकि कार्यालयीन, बैंकिंग, जनसंचारी आदि तकनीकी या अर्ध तकनीकी, लिखित और औपचारिक होते हैं। विज्ञापन प्रयुक्ति में तकनीकी-गैरतकनीकी, लिखित-मौखिक, औपचारिक-अनौपचारिक दोनों रूप मिलते हैं। अब हम भाषा शैलियों की आंतरिक संरचना और विज्ञान की विशेष प्रयुक्ति के सहसंबंधों की ओर देखने का प्रयास करें तो हमें इसके विशिष्ट रूप मिलेंगे।

तकनीकी प्रयुक्ति विस्तृत प्रयुक्ति है। इसके अंतर्गत भौतिकी, रासायनिकी, इंजीनियरी, मेडिकल आदि कई उपप्रयुक्तियाँ आती हैं। विज्ञान भी साहित्य की भाँति सत्य के अन्वेषण में होता है। दोनों के सत्य में तो कोई विशेष अंतर नहीं है किंतु दोनों की अभिव्यक्ति और कार्यप्रणाली में भेद है। विज्ञान की प्रणाली विवेचनात्मक और विश्लेषणात्मक होती है जबकि साहित्य में प्रस्तुतिकरण या

अभिव्यक्ति पर बल दिया जाता है। विज्ञान की भाषा अपना अलग अस्तित्व रखती है। सामान्य भाषा से अपने अलग अर्थतंत्र के चयन के कारण भिन्न हो जाती है। उदाहरण के लिए, जल, नीर, पानी का एक अलग अर्थतंत्र है और H_2O (पानी) का होना दूसरा अर्थतंत्र। वस्तुतः इसमें संदेश या विषय-सामग्री पर बल दिया जाता है। इसमें 'कैसे' की अपेक्षा 'क्या' पर अधिक बल दिया जाता है। इसमें शैली गौण है। इसमें तकनीकी शब्दावली की स्पष्टता और सटीकता को देखा जाता है। इसलिए यह अभिधात्मक भाषा होती है। इसमें लक्षणा और व्यंजना का स्थान नहीं है। इसमें शब्द एक विषय के प्रसंग में परिभाषित और एकार्थी होता है।

भाषा का मूलाधार सामान्यीकृत संकल्पना है। विज्ञान की भाषा पीछे की ओर चलती है, अर्थात् संकल्पना से प्रत्यक्ष की ओर। उदाहरण के लिए, धातु से सोना। इसके बाद सोने के भौतिक या रासायनिक गुण और इसके बाद इसका आणविक गठन। प्रत्यक्षों की सार्वभौमिकता संभावना के कारण प्रत्येक भाषा में विज्ञान व्यक्त किया जा सकता है। इस प्रकार तकनीकी भाषा अपने व्यवहार में सार्वभौमिक अर्थतंत्र लिए होती है। इसमें अपेक्षित अर्थ सतही संरचना पर ही निष्पादित करने की चेष्टा रहती है। एक उदाहरण शौर्यमंडल के बारे में है :

''कुछ आकाशशीर्ष पिंड ऐसे हैं जो झिलमिलाते नहीं हैं और उनकी चमक स्थिर-सी दिखाई देती है। इन्हें ग्रह कहते हैं। इनमें स्वयं का प्रकाश न होने के कारण ये झिलमिलाते नहीं हैं अपितु वे तारे (सूर्य) से प्राप्त प्रकाश को परावर्तित करते हैं। ग्रह को अंग्रेजी में 'प्लेनिट' कहते हैं जिसका अर्थ है 'घूमने वाला' चूंकि ये सूर्य की परिक्रमा करते हैं, इसलिए इन्हें ग्रह कहते हैं। सूर्य की परिक्रमा करनेवाले नौ ग्रह हैं जिनमें पृथ्वी भी एक है। सूर्य और इसकी परिक्रमा करने वाले नौ ग्रह सौर-परिवार के सदस्य हैं। इसी सौर परिवार को सौरमंडल कहते हैं।''

उपर्युक्त अंश में सौरमंडल को समझाने में विषय के प्रतिपादन और विवेचन में वाक्यों का संयोजन इस प्रकार किया गया है कि मूल संरचना स्पष्ट हो जाती है। वैज्ञानिक की चिंतन प्रक्रिया से तकनीकी भाषा उभर कर आती है। इसलिए इसमें तकनीकी अर्थयुक्त पारिभाषिक शब्दों का महत्त्वपूर्ण स्थान है। चैंबर्स शब्दकोश में तकनीकी शब्द की परिभाषा देते हुए कहा गया है ''तकनीकी शब्द ज्ञान के किसी विशेष क्षेत्र अथवा मानव क्रिया अथवा प्रकृति के आयाम-विशेष को प्रकट करने का साधन है जिसका विशेषज्ञ अध्ययन करता है। तकनीकी शब्द में विशेष अर्थ निहित रहता है जो ज्ञान की विशेष शाखा से संबंधित सूचना

का संप्रेषण करता है।" अतः तकनीकी शब्दों में अर्थ का सीमांकन कर निर्दिष्ट स्तर पर ले जाने का प्रयास रहता है। इसके अर्थ में अस्पष्टता न रहे, इसलिए इन्हें नापतौल कर रखा जाता है। वास्तव में प्रत्येक शब्द की परिभाषा की जाती है जिसमें सुनिश्चितता और सूक्ष्म एवं गूढ़ अर्थ-भेद का गुण निहित रहता है। इसी को पारिभाषिक शब्द भी कहा जाता है। उदाहरण के लिए :

वेग	**गति**	**चाल**
+ संचलन	+ संचलन	+ संचलन
+ समयदर	+ समयदर	– समयदर
+ विशिष्ट दिशा	– विशिष्ट दिशा	– विशिष्ट दिशा
+ नियमितता	– नियमितता	– नियमितता

इस प्रकार तकनीकी और पारिभाषिक शब्दावली विशेषज्ञ वर्ग में प्रयोजनमूलक कार्यों के लिए निर्दिष्ट अर्थ का द्योतन करती है। तकनीकी शब्द या तो कभी सामान्य शब्दों का अर्थ-संकोच कर कार्य क्षेत्र-विशेष में गृहीत होते हैं या कभी विज्ञानियों द्वारा आवश्यकता पड़ने पर इन्हें नया अर्थ दिया जाता है। उदाहरणार्थ, वेग (भौतिकी), अनुक्रिया (रसायन), सांख्यिकी (गणित), विकास (प्राणिशास्त्र) आदि।

अब प्रश्न उठता है कि क्या हिंदी में तकनीकी साहित्य लिखा जा सकता है? वास्तव में भाषा अपने-आप में पूर्ण, सक्षम और समर्थ होती है। अगर कोई अपूर्ण और असमर्थ होता है तो वह है भाषा-प्रयोक्ता। यह उसकी कमजोरी है कि वह भाषा का समुचित एवं सटीक प्रयोग नहीं कर पाता। इसका कारण यह है कि ब्रिटिश शासन के दौरान अंग्रेजी भाषा हमारे सामाजिक जीवन में धीरे-धीरे घुसती आई। बाद में यह तकनीकी तथा वैज्ञानिक साहित्य में प्रयुक्त होने लगी और प्रशासन तथा व्यवसाय की भाषा भी बन गई। इस प्रकार यह हमारी भौतिक संस्कृति का उद्घाटन करने वाली भाषा के रूप में उभरकर आई। इसकी घुसपैठ शिक्षा-तंत्र में हो गई। मातृभाषा या क्षेत्रीय भाषा आंतरिक संस्कृति की भाषा तो बनी रही लेकिन उसे सम्मान एवं प्रतिष्ठा नहीं मिली। आज यह कहा जाता है कि यह भाषा आधुनिक जीवन के संदर्भों के अनुकूल नहीं चल रही है। यदि इस बात पर गंभीरता से विचार किया जाए तो हम देखेंगे कि इस भाषा का प्रयोग करने पर ही इसकी सार्थकता आधुनिक संदर्भों में दिखाई देगी। विभिन्न कार्यक्षेत्रों में इसका व्यवहार करने से तकनीकी शब्दावली, भाषिक अभिव्यक्ति आदि स्तरों पर समृद्ध होगी और भौतिक संस्कृति के व्यवहार क्षेत्रों में समर्थ संप्रेषण का माध्यम बन सकेगी। यह कहा जाता है कि हिंदी तकनीकी साहित्य के अंग्रेजी

शब्दों की संकल्पना को स्पष्ट नहीं कर पा रही, इसलिए इसकी तकनीकी शब्द संपदा नहीं बन पा रही। यह धारणा सही नहीं है। हिंदी में ऐसे बहुत से शब्द हैं जिनका उचित स्थानापन्न करने की आवश्यकता है। अंग्रेजी के लिए हिंदी में दूरबीन, दूरभाष, दूरदर्शन, दूरमुद्रण, दूरसंचार शब्द मिल जाते हैं। इसी प्रकार Venom और Poison के अर्थ भेद को देखते हुए उसी के अनुसार हिंदी में गरल (जीविष) और विष शब्द उपलब्ध है। शब्द के लिए विज्ञान की विभिन्न भाषाओं के अनुसार शब्द पाए जाते हैं जैसे–

क्रिया
- (प्रतिक्रिया) भौतिक बलों का प्रत्युत्तर–(भौतिकी)
- (अनुक्रिया) अम्ल में लिटमस–किसी प्रभाव से–(रासायनिकी)
- (अभिक्रिया) पौधे का सूर्य की ओर झुकाव अपने से–(वनस्पतिशास्त्र)

हिंदी में यह शक्ति भी है कि वह अन्य भाषाओं (भारतीय एवं विदेशी भाषाओं के शब्द भी ग्रहण करती है–पावती (मराठी), सौध (कन्नड़) भल (पंजाबी), प्रोटीन, न्यूट्रान, आइसोटोप, रेडियो एक्टिविटी (विदेशी) आदि। अन्य भाषाओं के शब्दों को अपनी प्रकृति के अनुसार ढाल भी देती है। तकनीकी, अंतरिम, वोल्टता आदि।

यह बात नहीं है कि हिंदी भाषा को अन्य भाषाओं के शब्द विवशतः ग्रहण करने पड़ते हैं। यह हर भाषा की नियति है। अंग्रेजी भाषा के भी सभी शब्द अपने नहीं हैं। इस भाषा में भी लगभग 80 प्रतिशत शब्द अन्य भाषाओं से आए हैं। भाषा तो बहता नीर है। इसकी शक्ति के भीतर जो शब्द आता है उसे यह समेट लेती है और अपना बना लेती है। यह बात अवश्य है कि उसका प्रयोग करने पर ही उसकी संकल्पना स्पष्ट हो पाती है और उसकी सार्थकता दिखाई पड़ती है।

हिंदी में तकनीकी साहित्य मुख्यतः अंग्रेजी के माध्यम से आ रहा है। अतः इसके अनुवाद की समस्या सामने आती है। इस कारण अनुवाद को सही परिप्रेक्ष्य में देखने की आवश्यकता है। वास्तव में भाषा कोशीय शब्दों को नहीं बदलती बल्कि उसके शब्द-निर्माण और व्याकरण भी अपनी महत्त्वपूर्ण भूमिका निभाते हैं। तकनीकी साहित्य में शाब्दिक अनुवाद की आवश्यकता तो पड़ती है लेकिन ऐसा अनुवाद नहीं होना चाहिए जो भाषा की प्रकृति को बिगाड़ दे। भाषा में

तथ्य और अभिव्यक्ति में एकीकरण की अपेक्षा रहती है। यांत्रिक अंतरण के स्थान पर संरचनात्मक अंतरण करना होता है। इसमें बोधगम्यता और संप्रेषणीयता पर अधिक बल देने की आवश्यकता पड़ती है। अतः तकनीकी साहित्य में सबसे पहले मौलिक लेखन की आवश्यकता है, तभी तकनीकी भाषा का स्वरूप निखर कर आएगा।

कार्यालयी भाषा

आधुनिक जीवन के विभिन्न व्यवहार-क्षेत्रों में हिंदी का प्रयोग होने लगा है। इसीलिए प्रकार्यात्मक अथवा प्रयोजनमूलक स्तर पर हिंदी ने विभिन्न विषयों तथा कार्य-क्षेत्रों में अपने-अपने विषय के अनुसार अपना-अपना विशिष्ट रूप धारण कर लिया है। कार्यालयी संदर्भ में भी हिंदी एक विशेष प्रयुक्ति के रूप में उभरी है। वास्तव में कार्यालय की सबसे बड़ी इकाई प्रशासन है जिसके अंतर्गत सरकार को देश की आर्थिक, राजनीतिक, सुरक्षात्मक, शैक्षिक, सामाजिक-सांस्कृतिक, साहित्यिक आदि अनेक दृष्टियों से प्रशासन का भार सँभालना पड़ता है। अतः इस प्रकार के कार्यों से संबंधित साहित्य कार्यालयी या सरकारी साहित्य कहलाता है। इस कार्यालयी साहित्य में सरकार के कार्यालयी कार्यवृत्तों का विवरण-विवेचन होता है। सरकारी पदों और कार्यकलापों को सर्वमान्य संज्ञा देना, विभिन्न नियम-विनियम बनाना, अंतरमंत्रालयी और अंतरविभागीय पत्र-व्यवहार आदि कार्यालयी साहित्य के अंतर्गत आते हैं। इस कार्यालयी साहित्य की अपनी विशिष्ट भाषा होती है, जिसमें कार्यालयी प्रयुक्ति की भाषागत संरचना और शाब्दिक अन्विति महत्त्वपूर्ण भूमिका निभाती है। उदाहरण के लिए, कार्यालयी संदर्भ में 'संगत कागज़पत्रों के साथ मसौदा प्रस्तुत किया जाए' वाक्य टिप्पणी के रूप में प्रायः प्रयुक्त होता है किंतु इसी के अनुरूप 'संगत सब्ज़ियों के साथ भोजन प्रस्तुत किया जाए' वाक्य घरेलू संदर्भ में कभी प्रयुक्त नहीं होता। यदि ऐसा किया जाता है तो इसका अभिप्राय यह है कि वक्ता या तो इस भाषा प्रयुक्ति से अनभिज्ञ है या वह स्थिति-विशेष के प्रति जागरूक नहीं है।

कार्यालयी भाषा का स्वरूप सामान्य बोलचाल की भाषा से भिन्न होता है। इसकी प्रकृति प्रायः तकनीकी और औपचारिक होती है और वह काव्य, नाटक, उपन्यास, कहानी आदि से अलग होती है। इसमें जो कुछ कहा जाता है वह बँधे-बँधाए वाक्यों या पारिभाषिक शब्दावली के भीतर कहा जाता है। सरकारी

साहित्य की प्रकृति के अनुसार कार्यालयी भाषा का स्वरूप निर्धारित होता है। मसौदा-टिप्पणी लेखन, पत्राचार, संसदीय कार्य और प्रतिवेदन लेखन से लेकर सरकारी नीति संबंधी विवरण तक के साहित्य की भाषा अपने-अपने रूप को लिए होती है। इसलिए इसकी प्रकृति में भी उसी प्रकार विविधता पाई जाती है जिस प्रकार सर्जनात्मक साहित्य की विविधता अपनी-अपनी विधा में मिलती है।

कार्यालयी संदर्भ के पत्र-व्यवहार में जिन वाक्यों या अभिव्यक्तियों का प्रयोग होता है उनका संरचनात्मक पैटर्न सामान्य भाषा से भिन्न होता है। कार्यालयी भाषा का समूचा स्वरूप सरकार की विशिष्ट कार्यप्रणाली पर आधारित है और यह कार्य प्रणाली के पीछे निहित सिद्धांतों से नियंत्रित भी है। वास्तव में सरकार एक अमूर्त्त सत्ता है। इसके अधिकारों का उपयोग किसी अधिकारी विशेष द्वारा नहीं वरन् अधिकारी समूह द्वारा होता है। ये सरकारी अधिकारी सरकारी तंत्र के विभिन्न अधिकारियों के बीच अलग-अलग स्तरों पर विभाजित होते हैं। यही कारण है कि कार्यालयी भाषा की संरचना में वास्तविक कर्त्ता का लोप होता है। यदि वास्तविक कर्त्ता का प्रयोग होता भी है तो अप्रत्यक्ष रूप में या प्रतीक रूप में। सरकारी अधिकारी का कोई भी निर्णय इसका निजी निर्णय नहीं होता है। वह अमूर्त्त या अदृश्य सरकार का निर्णय होता है जिसने अपने अनेक अधिकारों में से एक अधिकार या उसके किसी अंश को अपनी ओर से दे रखा है और वह अधिकारी अमूर्त्त सरकार की ओर से उसका प्रयोग करता है।

प्रत्येक भाषा की अपनी अभिव्यंजना शक्ति होती है। इसमें अभिधा, लक्षणा और व्यंजना की अभिव्यक्ति की जाती है। कार्यालयी भाषा में मुख्यतः अभिधा का प्रयोग होता है। प्रशासन में प्रयुक्त भाषा के स्वतः स्पष्ट और स्वतः पूर्ण होने की माँग के कारण यह अपेक्षा की जाती है कि इसकी वाक्य-रचना एकार्थी हो न कि अनेकार्थी। इसमें कम-से-कम संदिग्धार्थकता की अपेक्षा होती है। इसी संदर्भ में पारिभाषिक शब्दावली का प्रयोग होता है। स्वीकृति, अनुमोदन, अनुमति शब्दों के अलग-अलग संदर्भयुक्त प्रयोग हैं तथा आदेश, निदेश, अनुदेश शब्द अपना अलग-अलग आयाम रखते हैं।

कार्यालयी साहित्य की प्रकृति के आधार पर कार्यालयी भाषा के चार गुण माने गए हैं : (1) निर्वैयक्तिकता (2) तथ्यों में स्वपूर्णता और स्पष्टता, (3) यथासंभव असंदिग्धता और (4) वर्णनात्मकता।

(1) निर्वैयक्तिकता : सरकारी क्षेत्र में अधिकारों का बँटवारा सोपानक्रम के आधार पर होता है। अतः प्रत्येक अधिकारी या तो अपने उच्चाधिकारी के आदेश का पालन करता है या निम्न अधिकारी को आदेश देता है या सरकार के

निर्णयों की सूचना देता है। इसीलिए सरकारी अधिकारी का सरकारी आदेशों से कोई व्यक्तिगत संबंध नहीं होता। वह अधिकारी व्यक्तिगत रूप में कुछ न कह कर निर्वैयक्तिक रूप में कहता है। जैसे—पत्र भेजा जा रहा है। कार्यालय में व्यक्ति प्रशासन का अंग होता है, इसलिए कार्यालय के सभी पत्रादि प्रशासन की ओर से लिखे जाते हैं। यही कारण है कि कार्यालयी भाषा में कर्मवाच्य की प्रधानता रहती है क्योंकि इसमें कथन व्यक्ति-सापेक्ष न होकर व्यक्ति-निरपेक्ष अर्थात् कर्तृवाच्य विहीन होता है।

(2) **तथ्यों में स्वपूर्णता और स्पष्टता :** कार्यालयी भाषा में तथ्यों पर अधिक बल दिया जाता है। साथ में यह अपेक्षा की जाती है कि वे तथ्य अपने आप में पूर्ण तथा स्पष्ट हों। प्रशासन के क्षेत्र में संदेह और भ्रांति को अलंकार नहीं, भाषा का दोष माना जाता है। स्वपूर्णता और स्वस्पष्टता कार्यालयी भाषा के आवश्यक गुण हैं। इसके अभाव में कभी-कभी पत्रों की उपेक्षा हो जाती है या कार्रवाई में विलंब हो जाता है। यदि संदेश का भावार्थ अथवा कथ्य स्पष्ट और पूर्ण होगा तो उस पर कार्रवाई करने में सुविधा होगी। कार्यालयी भाषा विषयानुसार विशिष्ट होती है। कई बार नियम-विनियम इतने जटिल हो जाते हैं कि वे पाठक के लिए दुर्बोध होते हैं। अतः उसके अर्थ को स्पष्ट करने के लिए एक शब्द के बाद दूसरा शब्द या एक वाक्य के बाद दूसरे वाक्य का भी प्रयोग करना पड़ता है। वास्तव में अभिव्यंजना शक्ति अर्थ की पूर्णता और स्पष्टता पर ही निर्भर है, इसलिए स्वपूर्णता और स्वस्पष्टता को शैली का महत्त्वपूर्ण गुण माना जाता है। यह गुण अधिकारी या कर्मचारी की अभिव्यक्ति-क्षमता पर आधारित है।

(3) **यथासंभव असंदिग्धता :** कार्यालयी भाषा में प्रयुक्त शब्दों तथा वाक्यों के सरल, स्पष्ट और सुबोध होने की अपेक्षा होती है। यदि भाषा में क्लिष्टता, अस्पष्टता और अप्रचलित प्रयोग होता है तो संदिग्धार्थकता की गुंजाइश रहती है। संदिग्धार्थकता प्रशासन के लिए घातक होती है। जो मूल बात कही गई है उसका एक ही अर्थ होना चाहिए। द्वि-अर्थी या अनेकार्थी होने से कार्रवाई में या तो बाधा पड़ती है या उसमें कोई गलती होने की संभावना होती है। अर्थ का संदिग्ध होना या अनिश्चित होना कार्रवाई में बाधा डालना है। अतः कार्यालयी भाषा में लक्षणा और व्यंजना का स्थान नहीं है। अभिधा शक्ति कार्यालयी भाषा की शक्ति है।

(4) **वर्णनात्मकता :** कार्यालयी भाषा में आवश्यक तथ्यों का विवरण दिया जाता है। इस विवरण में विचाराधीन विषय से संबंधित सारी सामग्री को क्रमवार दिया जाता है। इसमें प्रत्येक मामले का संक्षिप्त विवरण देते हुए मुख्य कथ्य का परिचय दिया जाता है और उसके बाद निष्कर्ष देना उचित समझा जाता है। इसमें

मूल्यांकन की गुंजाइश कम रहती है। तथ्यों के वर्णन की अधिक। अतः कार्यालयी हिंदी में तथ्यों का सही-सही निरूपण होना आवश्यक है।

शब्द संपदा

प्रत्येक भाषा की शब्द-संपदा विभिन्न स्रोतों से निर्मित होती है। यह स्थिति हिंदी की भी है। कार्यालयी हिंदी की शब्दावली में संस्कृत, अरबी-फ़ारसी, अंग्रेज़ी आदि विभिन्न स्रोतों के शब्द मिलते हैं। इसके अतिरिक्त हिंदी में अन्य भारतीय भाषाओं के शब्द भी समाविष्ट हो गए हैं। इस दृष्टि से कार्यालयी हिंदी की शब्दावली पर विचार किया जा रहा है।

(1) शब्द निर्माण में मुख्यतः संस्कृत को आधार के रूप में स्वीकार किया गया है। संस्कृत की संश्लिष्ट प्रकृति होने के कारण मूल शब्द या धातु के साथ उपसर्ग और प्रत्यय जोड़कर शब्दों का निर्माण किया जाता है। जैसे—'विधि' शब्द से विधिक, संविधि, संविधिक, विधान, संविधान, वैधानिक, संवैधानिक, विधायी, प्राविधान, विधेयक, विधायक, विधायिका आदि शब्दों की रचना हुई है, जो एक ही रूपावली के अंतर्गत आते हैं। इसी प्रकार अद्यतन, अग्रेषण, गोपनीय, पदोन्नति, पर्यवेक्षण, संविदा, प्रतिभूति आदि अनेक शब्द कार्यालयी हिंदी के अंग हैं।

(2) अरबी-फ़ारसी शब्दों का भी कार्यालयी हिंदी में पर्याप्त मात्रा में प्रयोग होता है। जैसे—दस्तावेज़, जमानत, मिसिल, मंजूरी, बेदखली, मुचलका, एवज़ी, बर्ख़ास्तगी।

(3) अंग्रेज़ी शब्दों का भी कार्यालयी भाषा में बाहुल्य है जो इसमें अपना महत्त्वपूर्ण स्थान बनाए हुए है। जैसे—ग्रेड, काडर, लीयन, ड्यूटी, गारंटी, बोनस, चेक, पेंशन, बैंकिंग, क्लर्क।

(4) देशज शब्दों अर्थात् हिंदी के सामान्य बोलचाल के अपने शब्दों का भी कार्यालयी भाषा में प्रयोग मिलता है। जैसे—छुट्टी, ठेका, निपटारा, भाड़ा, रसीद, कागज़पत्र, आढ़तिया, खाता, भत्ता, घाटा, छूट।

(5) संस्कृत, उर्दू और अंग्रेज़ी दो या तीन स्रोतों के मिश्रित शब्द भी प्रायः मिलते हैं। इन्हें संकर शब्द कहा जाता है। जैसे—आर्थिक सलाहकार, बेबाकीपत्र, मतदान बूथ, उपस्थिति-रजिस्टर, अपर कलक्टर, रोज़गार अधिकारी, अतिरिक्त ज़िला मैजिस्ट्रेट। इस प्रकार कार्यालयी हिंदी में समान स्रोतीय घटकों से शब्द-निर्माण का विशेष प्रतिबंध नहीं है। कार्यालयी हिंदी में शब्द-निर्माण की प्रक्रिया में कभी-कभी मूल शब्द एक स्रोत के होते हैं और उपसर्ग तथा प्रत्यय दूसरे स्रोत के। उदाहरण के लिए, डायरीकार, डिक्रीदार, स्टांपित, उपज़िला, अरजिस्ट्रीकृत, मुद्राबंद, तैनाती।

(6) कार्यालयी हिंदी में अन्य भारतीय भाषाओं से भी शब्द ग्रहण किए गए हैं, हालाँकि ये शब्द कम मात्रा में मिलते हैं। जैसे—कन्नड़ से निवल (net), सौध (annexe). पूर्वव्यापी (retrospective): मराठी से पावती (acknowledgement), आवक (inward). जावक (outward).

कार्यालयी हिंदी में संस्कृत, अरबी-फारसी, अंग्रेजी आदि भाषाओं के पर्याय भी यदा-कदा प्रयुक्त होते हैं। कार्यालय सहायक इनमें से किसी एक पर्याय का प्रयोग अपनी इच्छा से कर सकता है। शब्दावली के प्रचार-प्रसार के लिए यह छूट व्यावहारिक लगती है। इससे इसकी शब्द संपदा में वृद्धि हुई है। उदाहरण के लिए; बैंकर-महाजन (banker), कोष्ठ-बूथ (booth); अभ्यर्थी-प्रत्याशी-प्रार्थी-उम्मीदवार (candidate); क्लर्क-लिपिक (clerk); प्रतिबंध-शर्त (condition): प्रारूप-मसौदा (draft); दिनांक-तारीख-तिथि (date); संस्तुति-सिफ़ारिश (recommendation)।

वाक्य-विन्यास

कार्यालयी हिंदी का प्रयोग सरकारी कामकाज के लिए होता है। सरकार अपने-आप में एक व्यक्ति नहीं वरन् एक सामूहिक संस्था है। अतः सरकार का कार्य प्रत्यक्ष रूप से उसके अधिकारियों और कर्मचारियों के द्वारा सामूहिक रूप से चलता है जबकि अप्रत्यक्ष रूप से सरकार ही काम करती है। इसी कारण प्रत्येक अधिकारी अपने-अपने क्षेत्राधिकार में प्रदत्त अधिकारों का उपयोग करते हुए कर्मप्रधान और व्यक्ति-निरपेक्ष भाषा का प्रयोग करता है।

कार्यालयी हिंदी में सीमित वाक्य साँचे हैं। इसका मूल कारण कर्मवाच्यता है। अतः कर्तृवाच्य का प्रायः प्रयोग नहीं होता। उदाहरण के लिए;

(1) मसौदा अनुमोदन के लिए प्रस्तुत है।
(2) वार्षिक विवरण भेजने की अंतिम तारीख 31 मार्च है।
(3) इस पत्र को शीघ्र जारी करें।
(4) इसे भुगतान के लिए पारित किया जाए।
(5) ज़रूरी आँकड़े इकट्ठे किए जा चुके हैं।
(6) श्री रामलाल का स्पष्टीकरण संतोषजनक नहीं पाया गया।
(7) मुख्यालय छोड़ने की अनुमति दी जाती है।
(8) सचिव महोदय के आदेशानुसार आवश्यक कार्रवाई की जा रही है।
(9) खराब पड़े टाइपराइटर नीलाम करा दिए जाने चाहिए।
(10) नियुक्ति पत्र इस महीने जारी किए जाने हैं।
(11) (सरकार द्वारा) मुझे यह कहने का निदेश हुआ है।

(12) इस मामले पर अगली बैठक में विचार किया जाएगा।

(13) समयोपरि भत्ते पर दो सहायकों को रोका जा सकता है।

कई बार अधिकारी किसी मामले पर अपने आदेश लघु वाक्य या पदबंध में ही देते हैं क्योंकि मामले का संदर्भ पहले से ही होता है। उदाहरण के लिए, किसी कर्मचारी ने छुट्टी के लिए आवेदन पत्र दिया है, उसके लिए आदेश देते हुए सामान्य भाषा में निम्न प्रकार का वाक्य हो सकता है :

14 (क) : मैं मोहनलाल, अवर सचिव श्री रामलाल, सहायक को 45 दिन की अर्जित छुट्टी पर जाने की अनुमति देता हूँ।

किंतु सरकारी भाषा में ऐसा वाक्य कभी प्रयुक्त नहीं होता। सरकारी भाषा में कर्ता का लोप करने के कारण वाक्य में परोक्षता आ जाती है और इसमें अधिकांशतः कर्मवाच्य का प्रयोग होता है। यदि कर्तृवाच्य का प्रयोग होता भी है तो वह कुछ सीमाओं के अंतर्गत होता है।

14 (ख) : श्री रामलाल, सहायक को 45 दिन की अर्जित छुट्टी पर जाने की अनुमति दी जाती है।

वाक्य (ख) का भी प्रायः प्रयोग नहीं होता। इसका या तो लघु वाक्य बनाया जाता है या पदबंध तक ही इसे सीमित रखा जाता है। जैसे—

14 (ग) : श्री रामलाल, सहायक को अर्जित छुट्टी दी जाती है। अथवा

14 (घ) : अनुमति दी जाती है।

यहाँ क्रिया पदबंध (घ) का प्रयोग अधिकतर होता है और इसे ही अधिकांशतः सार्थक प्रयोग माना जाता है।

उपर्युक्त वाक्यों से हम देखते हैं कि कर्तृवाच्य का प्रयोग प्रायः नहीं होता और सभी वाक्यों में मूल कर्त्ता का लोप होता है। व्यक्ति-सापेक्ष वाक्यों का प्रयोग नगण्य-सा है। जैसे :

(15) मैं अनुभाग की टिप्पणी से सहमत हूँ।

इसके अतिरिक्त कार्यालयी हिंदी में करणरूपेण कर्त्ता का भी लोप होता है। एक उदाहरण लें, कार्यालय ज्ञापन की भाषा में किसी कर्मचारी से स्पष्टीकरण माँगते हुए किसी भी अधिकारी का उल्लेख नहीं होता कि अमुक अधिकारी ने इसकी शिकायत की है। इसका प्रारंभ प्रायः इस प्रकार होता है।

(16) ऐसा पाया गया है कि श्री रामलाल, अ. श्रे. लि. बिना अनुमति लिए और बिना सूचना दिए कार्यालय देर से आते हैं।

(17) ऐसी सूचना मिली है कि..................

(18) ऐसी रिपोर्ट मिली है कि..................

इसके अतिरिक्त सरकारी व्यवस्था में आदेश तथा आदेश पालन की परंपरा होने के कारण आज्ञार्थक या सुझावपरक वाक्यों का अधिक प्रयोग होता है। लेक़िन यह उल्लेखनीय है कि अधिकारी कर्मचारी को किसी मामले पर आदेश देते हुए भी कर्त्तावत् प्रयोग नहीं करते। उदाहरण के लिए;

(19) चर्चा करें।

(20) मंत्रालय का अनुमोदन प्राप्त करें।

(21) इस पत्र का उत्तर अभी रोक दिया जाए।

इस प्रकार हिंदी की कर्तृवाच्य की प्रवृत्ति होते हुए भी कार्यालयी हिंदी में अधिकांशतः कर्मवाच्य की प्रवृत्ति होती है।

कार्यालयी हिंदी के वाक्य-विन्यास में संस्कृत, अंग्रेज़ी, अरबी-फ़ारसी शब्दों का प्रभाव एक साथ मिलता है। सामान्य अथवा साहित्यिक भाषा में इस प्रकार के प्रयोग अटपटे से लगते हैं किंतु कार्यालयी हिंदी में अस्वाभाविक नहीं है। उदाहरण के लिए;

(22) आवश्यक मसौदा संलग्न फाइल की पताका 'क' पर रखा है।

(23) एवज़ी मिलने पर अर्जित छुट्टी दी जा सकती है।

उपर्युक्त दोनों वाक्यों (22 और 23) में आवश्यक, संलग्न, पताका, अजित; फाइल; मसौदा, एवजी क्रमशः संस्कृत, अंग्रेज़ी और अरबी-फ़ारसी शब्दों का एक-साथ प्रयोग हुआ है।

इस प्रकार सरकारी कामकाज की भाषा होने के नाते राजभाषा हिंदी ने अपने कार्यक्षेत्र में कार्यालयी हिंदी को अपने भीतर समेट लिया है। कार्यालयी हिंदी का विकास कार्यालयी परिसर के वातावरण में हुआ है। यह भाषा औपचारिक तथा लिखित रूप में पुष्ट हुई है। यह भाषा मुख्यतः तकनीकी या अर्धतकनीकी होती है। इसी कारण सरकारी कामकाज की भाषा के रूप में प्रयुक्त होने वाले शब्द या वाक्य किसी विशेष विषय-क्षेत्र के लिए रूढ़ हो जाते हैं और इन शब्दों या वाक्यों का प्रयोग इससे बाहर किया जाए तो वे अटपटे से लगते हैं। ये सामान्य बोलचाल की हिंदी में प्रायः सार्थक और उपयुक्त नहीं होते। किंतु यह बात ध्यान देने योग्य है कि कार्यालयी हिंदी की शब्दावली और वाक्य-विन्यास हिंदी की प्रकृति के अनुकूल है। चूँकि कार्यालयी हिंदी अंग्रेज़ी वाक्य-विन्यास से अधिक प्रभावित है, इसलिए ये वाक्य हिंदी में अंग्रेज़ी वाक्यों के अनुवाद के माध्यम से आए हैं जिसके कारण कार्यालयी हिंदी कहीं-कहीं दुर्बोध और जटिल भी हो जाती है। वस्तुतः हिंदी की प्रकृति में प्रायः छोटे वाक्यों की अपेक्षा रहती है जबकि कार्यालयी हिंदी में कभी-कभी इतने लंबे वाक्य बन जाते हैं जो अपनी मूल प्रकृति को खो बैठते हैं।

साहित्यिक भाषा

भाषा का प्रयोग समाज में सदस्यों के परस्पर विचार-विनिमय के लिए होता है। भाषा का जो रूप समाज के सामान्य कार्यों के लिए प्रयुक्त होता है वह भाषा का सामान्य रूप या सामान्य भाषा कहलाता है। इस भाषा से दैनंदिन जीवन के काम तो चल जाते हैं, किंतु न तो इस भाषा का विशिष्ट कार्यक्षेत्रों अथवा विषय क्षेत्रों में प्रयोग किया जा सकता है और न ही इसमें सौंदर्य या रस का कोई विशेष भाव होता है। सामान्य भाषा का अर्थ भी उतना निश्चित नहीं होता, जितना विशिष्ट विषयक्षेत्रों की भाषा का। उन्हीं विषय क्षेत्रों में साहित्य की भाषा भी होती है। वास्तव में भाषा के जिस रूप का प्रयोग सौंदर्य तथा रसानुभूति के लिए भी होता है, वह भाषा का साहित्यिक रूप कहलाता है।

साहित्यिक भाषा में जो कुछ सुंदर और आलंकारिक रीति से कहा जाता है उसे सुनकर या पढ़कर आनंद और रसास्वादन होता है। उदाहरण के लिए;

1. वह उसका लड़का है।
2. वह उसकी आँखों का तारा है।

या

3. वह उसके जिगर का टुकड़ा है।

पहला वाक्य भाषा का सामान्य रूप है, जिसमें सूचना सामान्य रूप से मिलती है। दूसरे अथवा तीसरे वाक्य में सूचना बड़े ही मनोरम और मुहावरेदार ढंग से दी गई है। इसी प्रकार, कोई कहता है कि "मेरे अंदर विनाश तथा उत्पत्ति के बीज छिपे हैं। मैं त्याग भी कर सकता हूँ और बहुत ज्यादा लगाव भी दिखा सकता हूँ।" यह सामान्य भाषा का अंग बन जाएगा, लेकिन इन्हीं भावों का साहित्यिक रूप निम्नलिखित पंक्तियों में मिलता है :

नाश भी हूँ, मैं अनंत विकास का क्रम भी,
त्याग का दिन भी, परम आसक्ति का तम भी।

कविता, कहानी, उपन्यास, नाटक, निबंध आदि में साहित्यिक भाषा का प्रयोग होता है। यह भाषा का सर्जनात्मक प्रयोग है, क्योंकि इसमें लेखक नए भावों और विचारों की ही नहीं, नई अभिव्यक्तियों की भी सर्जना करता है। इसीलिए साहित्यकार को सर्जक भी कहते हैं। उसे रचयिता भी कहते हैं क्योंकि वह भाषा तथा विचारों की एक अलग कृति की रचना करता है। इसमें वही अर्थ नहीं होता जो सतह पर दिखाई देता है, अपितु गूढ़ अर्थ छिपा रहता है। इस अर्थ को वही पाठक या श्रोता पकड़ पाता है जिसकी इच्छा हो और उसमें ऐसे अर्थ को पकड़ने और समझने की क्षमता भी हो। ऐसे पाठक या श्रोता को सहृदय कहा जाता है क्योंकि उसका मन साहित्यिक भाषा में छिपे विलक्षण तथा गूढ़ अर्थ तक पहुँचने के लिए तत्पर है। यह माना जाता है कि जिस रचना या कृति में जितना विशिष्ट अर्थ होता है, वह उतने ही ऊँचे स्तर की होती है। यह तो स्वाभाविक है कि इस प्रकार भाषा का प्रयोग करना हरेक के बस की बात नहीं होती। कहा जाता है कि यह प्रतिभा कुछ लोगों में जन्म से होती है और कुछ परिश्रम तथा निष्ठा से इसको प्राप्त करते हैं।

सामान्य भाषा तथा साहित्यिक भाषा में निम्निलिखित आधार पर अंतर किया जा सकता है–

सामान्य भाषा तथा साहित्यिक भाषा में अंतर

सामान्य भाषा	साहित्यिक भाषा
1. जीवन के सामान्य कार्यों में प्रयुक्त।	सौंदर्य तथा रसानुभूति के लिए प्रयुक्त।
2. सामान्य अर्थ निकलता है।	विशेष अर्थ निकलता है।
3. कोई छिपा हुआ या गूढ़ अर्थ नहीं होता।	निश्चित रूप से सतही अर्थ के नीचे कोई गूढ़ अर्थ अवश्य होता है।
4. अभिधापरक प्रयोग अधिक होता है।	लक्षणापरक तथा व्यंजनापरक प्रयोग अधिक होता है।
5. सामान्य दैनंदिन कार्यकलापों तथा प्रयोजनों की सिद्धि के लिए।	जीवन तथा समाज के स्थायी मूल्यों की अभिव्यक्ति के लिए।
6. वक्ता या लेखक का मात्र तात्कालिक प्रयोजन होता है।	रचयिता का प्रयोजन सामाजिक मूल्यों को नई दिशा देना होता है।
7. भाषा का यह रूप सहज रूप से प्राप्त होता है।	यह भाषा-प्रयोग जन्मजात प्रतिभा और निष्ठापूर्वक परिश्रम से प्राप्त होता है।

प्रयोजनमूलक भाषा तथा साहित्यिक भाषा

प्रयोजनमूलक तथा साहित्यिक भाषा एक स्तर पर सामान्य भाषा से अलग है, तो दूसरे स्तर पर एक-दूसरे से भी भिन्न है। प्रयोजनमूलक भाषा किसी विषय या कार्यक्षेत्र विशेष की भाषा होती है जो विज्ञान, व्यवसाय आदि से जुड़ी होती है। इसकी शब्दावली और वाक्य-रचना सामान्य भाषा से भिन्न होती है और इसमें तकनीकी शब्दों का प्रयोग होता है।

साहित्यिक भाषा में मात्र विषय या कार्यक्षेत्र विशेष नहीं होता वरन् समूचा जीवन, समाज और मानव-अस्तित्व साहित्यिक भाषा के विषय हो सकते हैं। यह आवश्यक नहीं है कि साहित्यिक भाषा की शब्दावली या वाक्य रचना सामान्य भाषा से अलग ही हो। यह भी संभव है कि सीधी-सीधी सामान्य भाषा में से विशेष प्रकार के शब्द या वाक्य चुन कर रचयिता उनमें ऐसे अर्थ भर दे, जो उस रचना को उत्कृष्ट कृति बना दे। साहित्यिक भाषा में तकनीकी या पारिभाषिक शब्दों का प्रयोग नहीं होता। यह हो सकता है कि कोई साहित्यकार सामान्य भाषा के किसी शब्द में विशेष अर्थ भर दे या इसका इस रूप से प्रयोग करे कि उसका अर्थ ही बदल जाए, लेकिन तब भी ऐसे प्रयोगों को तकनीकी या पारिभाषिक नहीं कहा जा सकता।

अतः प्रयोजनमूलक भाषा और साहित्यिक भाषा में कोई परस्पर समानता नहीं है। लेकिन ये दोनों ही सामान्य भाषा से भिन्न होती हैं।

हिंदी का साहित्यिक स्वरूप

हिंदी के साहित्यिक रूप की अनेक विशेषताएँ हैं। इनमें मुख्य विशेषताएँ इस प्रकार हैं :

(क) ऐतिहासिकता : हिंदी साहित्य का अध्ययन एक ऐतिहासिक परंपरा से जुड़ा होता है। किसी भी कृति या उसके अंश में से मानव जीवन के समूचे इतिहास का कोई न कोई पक्ष उजागर होता है। यह इतिहास उसी धरती और वातावरण का है जो कई शताब्दियों से अपनी उपलब्धि द्वारा पूरे विश्व का ध्यान आकर्षित करता आया है। यदि अंग्रेज़ी साहित्य से तुलना की जाए तो पिछले दो-तीन दशक पहले का साहित्य इंगलैंड के इतिहास की अपेक्षा यूरोपीय इतिहास से बँधा हुआ है और उस सीमा तक विदेशी है, जबकि हिंदी साहित्यकार को पीछे देखने पर एक लंबा और समृद्ध इतिहास मिलता है। जिसे वह किसी भी रूप में प्रस्तुत कर सकता है। यह छूट उसे इसलिए है, क्योंकि वह स्वयं उसका अभिन्न अंग है और उस

इतिहास की एक महत्त्वपूर्ण कड़ी भी है।

इसी प्रकार अमरीका में साहित्यकार एक लंबी अवधि तक अपने इतिहास के शून्य के बारे में हीन-भावना से ग्रस्त रहे। उनकी कृतियों में यह बात स्पष्ट रूप से झलकती है कि वे उथली और कमजोर सतह पर खड़े हैं। इसके विपरीत हिंदी के साहित्यकार को अपनी मानसिक पृष्ठभूमि में सुदीर्घ और संपुष्ट ऐतिहासिकता का आभास जन्म से ही मिल जाता है।

(ख) परंपरा : हिंदी के साहित्य में उत्कृष्ट रचनाओं और रचनाकारों की परंपरा का बोध समसामयिक पाठक तथा लेखक को अनायास हो जाता है। यह परंपरा है–संस्कृति तथा सभ्यता की मानव-मूल्यों को एक सुदृढ़ तार्किक आधार पर स्थापित करने की तथा जीवन का एक निश्चित मानवीय दृष्टिकोण बनाने की। इसलिए आज के या बीते हुए कल के हिंदी साहित्य को देखें, तो आभास होता है–सम्यक् दिशा बोध का, जिसमें प्रत्येक युग या रचयिता की सामाजिक-सांस्कृतिक चेतना निहित रहती है। हिंदी साहित्य के प्रत्येक भाग को अपने पूर्ववर्ती अंश का परिणाम और परवर्ती भाग का प्रणेता माना जा सकता है।

(ग) युग चेतना : हिंदी साहित्य में उसकी अविच्छिन्न धारा ने कभी अपने आपको अपने युग की वास्तविकता से विमुख नहीं किया। इतिहास के आइने में देखते हुए आज का विचारक यह तो कह सकता है कि अमुक समय में इस विकल्प के बदले वह विकल्प चुना जा सकता था, लेकिन वह इस बात से इनकार नहीं कर सकता कि प्रत्येक मोड़ पर साहित्य ने अपने आपको लोक चेतना के ठोस धरातल पर रखा। हिंदी साहित्य को बाह्य दबाव तथा आंतरिक मत-वैभिन्न्य के बावजूद जीवंत बनाए रखने का श्रेय इसी विलक्षण गुण को जाता है।

(घ) आधुनिकता : आधुनिकता का अर्थ है–अन्यत्र हो रहे विकास, परिवर्तन तथा झुकाव के साथ अपने को जोड़ लेना। हिंदी साहित्य पर दृष्टि डाली जाए तो पता चलता है कि इतिहास के किसी चरण में भी इसे पुरातनपंथी या दकियानूसी या जड़ नहीं कहा जा सकता। इसका मुख्य कारण यही है कि जिस समाज में यह साहित्य बना, उसने अपनी परंपरा को अक्षुण्ण बनाए रखते हुए भी अपने आसपास की गतिविधियों से अपने आपको जोड़े रखा। इस प्रकार परंपरा और ऐतिहासिकता ने हिंदी साहित्य को ठोस धरातल दिया, तो जागरूकता तथा आधुनिकता ने इसमें प्राणवत्ता और जीवंतता का पुट भरा।

(छ) संपूर्णता : विद्या और विषय-वस्तु की दृष्टि से हिंदी साहित्य में संपूर्णता का आभास होता है। इतिहास के किसी चरण पर ऐसा लगता है कि हिंदी में अमुक विधा कमजोर है। लेकिन यह आभास बहुत अल्पकालिक होता है,

क्योंकि जैसे ही किसी क्षेत्र में कमी का आभास होता है, तो बड़ी तेज़ी से उस अभाव को दूर करने का प्रयास भी सामने आता है, चाहे वह उपन्यास का विकास हो चाहे कहानी या नाटक का। यदि महाकाव्य की कमी थी, तो वह भी पूरी हुई और यदि चार पंक्तियों वाली 'हाइकू' कविता का बोलबाला हुआ, तो उसका भी प्राचुर्य सामने आ गया। यही स्थिति संस्मरण, डायरी, यात्रा वृत्तांत, जीवनी, रेखाचित्र आदि की रही। रस, भाव और शिल्प का कोई भी पक्ष अधूरा या अछूता नहीं रहा।

(च) व्यापकता : हिंदी साहित्य के निर्माण में समाज तथा देश के हर स्तर तथा भाग के सदस्यों ने योगदान किया। निचले से निचले स्तर से लेकर आभिजात्य वर्ग तथा राज परिवार के सदस्यों ने इसमें अंशदान किया। हिंदी साहित्य के रचयिता किसी एक क्षेत्र या धर्म तक ही सीमित न थे। उत्तर से दक्षिण, पूर्व से पश्चिम—देश के हर कोने से किसी-न-किसी समय कोई न कोई विभूति अपनी छाप छोड़ जाती थी। हिंदू, मुसलमान, ईसाई, जैनबौद्ध आदि ही नहीं, विदेशी रचनाकारों ने भी अपने धर्म और देश की सीमाओं के पार आकर हिंदी साहित्य की तरणी के प्रवाह को बढ़ाया। आज हिंदी साहित्य का अवलोकन करें, तो शायद ही कोई ऐसा प्रदेश या प्रांत बचा हो जहाँ पर पैदा हुए किसी स्रष्टा ने अपनी सर्जनात्मक उपलब्धि न दी हो। इनमें भी प्रत्येक रचनाकार ने हिंदी को अपना एक विशिष्ट मुहावरा दिया, अभिव्यक्ति की छटा दी, जो आज के हिंदी साहित्य की समृद्धि की सूचक है।

(छ) सहिष्णुता : जिस गुण ने हिंदी साहित्य को कभी भी किसी विशिष्ट वर्ग के साथ बाँधने से रोका, वह था—इसकी मूलभूत सहिष्णुता। यह गुण केवल साहित्य का ही नहीं है, समाज का भी है। इसीलिए कहा जाता है कि साहित्य समाज का दर्पण है। ऐतिहासिकता और परंपरा की सीमाओं के बावजूद हिंदी साहित्य ने किसी भी नए प्रयोग पर बंधन नहीं लगाया, न ही किसी प्रकार का व्यक्तिगत या सामूहिक अंकुश लगाया। वास्तव में यह तभी संभव हो पाया, क्योंकि एक अटूट विश्वास तो था ही कि इतिहास और परंपरा की मजबूत नींव मूल ढाँचे को विचलित नहीं होने देगी।

साहित्य की विविध विधाएँ और उनकी भाषा

साहित्य की प्रत्येक विधा में जीवन के विभिन्न पक्षों की जानकारी तो मिलती है, साथ-साथ उसकी जीवंतता और जागरूकता का भी बोध होता है। इसकी विभिन्न विधाएँ—कविता, कहानी, उपन्यास, नाटक, निबंध आदि इसके साहित्यिक स्वरूप

का अवलोकन कराती हैं। वास्तव में साहित्यिक भाषा का एक विशिष्ट रूप होता है। साहित्य भाषा और कला दोनों के बीच स्थित है। कला का गुण सौंदर्य है जिसे भाषा उसी प्रकार मूर्त रूप प्रदान करती है। इसी प्रकार चित्रकला, मूर्तिकला, शिल्पकला आदि में सौंदर्य का मूर्तिकरण रंग, पाषाण, कांसा आदि करते हैं। साहित्य में भाषा एक विशिष्ट माध्यम है जो अन्य माध्यमों की भाँति न तो स्थिर होती है और न निष्क्रिय। इसका संबंध अपने देश की संस्कृति, दर्शन और परंपरा से है जिसके अंतर्गत साहित्यकार अपने भावों और मनोवेगों को संयोजित करता है। इस प्रकार साहित्य की भाषा अन्य कलाओं के माध्यम की भाँति नहीं है वरन् इसके गर्भ से ही साहित्य का जन्म होता है।

कविता की भाषा सामान्य भाषा होते हुए भी आलंकारिक भी होती है। इसमें भावोद्रेकता के साथ-साथ लय, बिंब और छंद विधान भी होता है। इसमें नए भाव, नई संवेदनाएँ और अनुभूतियों का व्यापक रूप होता है जो भाषायी चेतना से अभिव्यक्त होता है। कहानी और उपन्यास में किसी घटना या चरित्र का प्रयोग होता है जिसमें कथानक, पात्र और अर्थ की भूमिका रहती है। इसमें उत्तम पुरुष सर्वनाम और अन्य पुरुष सर्वनाम दोनों पद्धतियों का प्रयोग होता है। कथासूत्र में केवल घटनाओं का वर्णन नहीं होता अपितु वह पात्रों के वर्णन से संश्लिष्ट रहता है। क्रिया और उसका कर्ता एक-दूसरे पर आश्रित हैं। नाटक मुख्यतः एक दृश्यकला है जिसका मूल आधार संवाद है। इसमें मध्यम पुरुष सर्वनाम पद्धति अपनाई जाती है। निबंध एक प्रधान विचार बिंदु होता है जिसे साक्ष्य और युक्तियों से परिपुष्ट किया जाता है। इसकी भाषा में संवेदना के साथ-साथ वैज्ञानिक दृष्टि भी होती है जो उसे वस्तुनिष्ठ और सर्जनात्मक बनाती है।

इस प्रकार साहित्य और भाषा में अटूट संबंध है। साहित्य के मर्म को समझने के लिए भाषा ठोस आधार का कार्य करती है। साहित्य की विभिन्न विधाओं में इसकी अलग-अलग भूमिका होती है जिससे विशेष अर्थ की व्यंजना होती है, सर्जनात्मकता और प्रभावोत्पादकता की सृष्टि होती है जो उस विधा को विशेष रूप प्रदान करती है।

वाणिज्य और व्यापार की भाषा

भूमंडलीकरण, उदारीकरण, औद्योगीकरण, बाजारवाद, साक्षरता, शिक्षा के प्रसार, लघु कुटीर उद्योगों के विकास आदि से वाणिज्य और व्यवसाय की प्रयोजनमूलक भाषा के रूप में और जन व्यवहार की भाषा के रूप में हिंदी का संवर्धन हुआ है। इसके साथ-साथ वाणिज्य शिक्षा के विकास, व्यावसायिक प्रतिस्पर्धा, सूचना प्रौद्योगिकी, विज्ञान, बैंकिंग और डाकतार सेवाओं के विस्तार और संवर्धन आदि से हिंदी के प्रयोग-क्षेत्र में वृद्धि हुई है। इन प्रयोग-क्षेत्रों के विकास में आर्थिक आत्मनिर्भरता, न्यूनतम आवश्यकताओं की पूर्ति और रोजगार की व्यवस्था के उद्देश्यों की भी विशिष्ट भूमिका रही है। इसी संदर्भ में वाणिज्यिक और व्यावसायिक हिंदी एक विशिष्ट प्रयुक्ति क्षेत्र में रूप में उभरकर आई है। इस व्यावसायिक प्रयुक्ति के भीतर अनेक उपप्रयुक्तियों का जन्म भी हुआ है। व्यावसायिक प्रयोग क्षेत्र में प्रयुक्त भाषा का जो कार्य क्षेत्र विकसित हुआ है उसमें व्यापार, व्यवसाय, उद्योग, परिवहन, बैंक, कंपनी, सहकारिता और व्यावसायिक विज्ञापन, बाजार समाचार आदि उपप्रयुक्तियों का उल्लेखनीय योगदान है। प्रयोजनमूलक भाषा का यह सबसे व्यापक प्रयोग-क्षेत्र है। एक ही प्रयुक्ति के अंतर्गत आने के बावजूद इसके विविध अंगों की भाषा की अपनी-अपनी विशिष्टता होती है। एक ओर यह प्रयुक्ति जीवन के लगभग सभी अनिवार्य कार्यकलापों से संबद्ध होती है और दूसरी ओर इसमें क्षेत्र-विशेष से जुड़ी विशेषता भी निहित रहती है। यद्यपि वैज्ञानिक प्रयुक्ति जन सामान्य की पहुँच से दूर भी हो तो इसका प्रभाव आम आदमी के जीवन-यापन पर नहीं पड़ता, किंतु वाणिज्यिक और व्यावसायिक प्रयुक्ति के अनेक क्षेत्र जन सामान्य के लिए ही हैं। अतः इनकी भाषा का जन सामान्य के लिए संप्रेषणीय तथा बोधगम्य होना अत्यावश्यक है। इसके अतिरिक्त सरकारी तंत्र के साथ भी वाणिज्य और व्यापार का घनिष्ठ संबंध है। इस दृष्टि से वाणिज्यिक हिंदी, राजभाषा और लोकभाषा दोनों से जुड़ी हुई है। इसी कारण 'वाणिज्यिक

प्रयुक्ति' में अन्य प्रयोग क्षेत्रों की प्रयुक्तियों का अंतःप्रवेश होता है। जैसे—कर्मचारियों की नियुक्तियाँ, स्थानांतरण, सेवा नियम तो होते ही हैं साथ ही अन्य अंतःकार्यालयीन संदर्भों में प्रशासनिक भाषा के अंतर्गत संविदा, अनुबंध, विधि की भाषा, ज्ञापन, सरकारी नियमावली आदि भी होते हैं। साथ ही, व्यापार तथा उसकी वितरण-व्यवस्था को सुचारु बनाने में विज्ञापन की भाषा, बाजार का लेखा-जोखा, उतार-चढ़ाव को दिखाने में बाजार समाचार की भाषा का भी महत्त्वपूर्ण योगदान रहता है। इस दृष्टि से व्यापार-वाणिज्य के क्षेत्र में प्रयुक्त हिंदी का स्वरूप मिला-जुला होते हुए भी अपने आप में विशिष्ट और संदर्भानुकूल होता है। वाणिज्य और व्यवसाय की हिंदी की अपनी शब्दावली होती है तथा उद्योग, व्यापार, बैंकिंग, परिवहन, विज्ञान आदि उपप्रयुक्तियों के अनुसार उसकी संरचना भी विशिष्ट अथवा अपने ढंग की होती है। व्यावसायिक हिंदी शब्दावली में सामान्यतः भारतीय अर्थशास्त्र के ऋण, तुष्टि, उपयोगिता, अर्थ, अल्पकालीन आदि शब्द तो होते ही हैं, साथ ही थोक, साख, लेनदार, रोकड़, दिवालिया, साझेदारी आदि शब्द भी मिल जाते हैं। ये शब्द तकनीकी, अर्धतकनीकी, गैर-तकनीकी होते हैं। इसी के साथ-साथ अपनी अभिव्यक्तियाँ भी होती हैं। इस परिप्रेक्ष्य में वाणिज्यिक हिंदी को निम्न प्रकार से समझा जा सकता है।

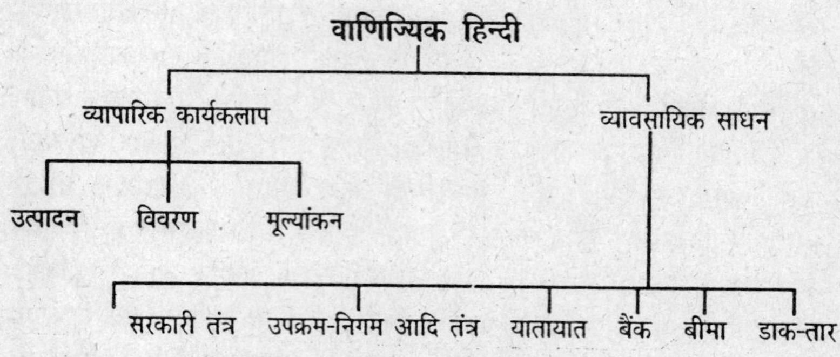

वास्तव में व्यावसायिक हिंदी में 'ऋण' से मात्र उधार का अर्थ नहीं मिलता और न ही 'पूँजी' से केवल 'धन' का ही अर्थबोध होता है, बल्कि यहाँ इनका अर्थ क्षेत्र विशेषीकृत होकर व्यापक अर्थ लिए होता है। वाणिज्यिक हिंदी की वाक्य संरचना की जो विशिष्ट प्रयुक्ति होती है उसमें लेना, देना, भेजना, मँगाना, अदा करना के बीच आधार के रूप में धन होता है। जहाँ से वस्तु जाती है वहाँ 'को' और जहाँ से वस्तु आती है वहाँ 'से' लगता है। इस तथ्य को एक कंपनी या संस्था से दूसरी कंपनी या संस्था को वस्तु के आदान-प्रदान में देखा जा सकता है। इसमें

मूल्य सूची मँगाने, शिकायती पत्र, भुगतान आदि के पत्राचार उदाहरण हैं। इस संदर्भ में वाणिज्यिक और व्यावसायिक हिंदी के बाजार समाचार, विज्ञापन आदि विभिन्न आयाम मिलते हैं जिनको समझना व्यापार और वाणिज्य की भाषा को समझना है।

बाजार समाचार

बाजार से संबंधित जो सूचनाएँ होती हैं उनसे व्यवसाय की प्रगति में सहायता मिलती है। इसमें समाचार से बाजार का वास्तविक चित्र मिलता है, क्योंकि राष्ट्रीय-अंतर्राष्ट्रीय व्यापार में क्रय-विक्रय, उत्पादन, वितरण, मूल्य वृद्धि, सौदे-भुगतान का पूर्ण विवरण होता हैं। व्यवसाय संबंधी नीतियों-योजनाओं के कार्यान्वयन में इनकी विशिष्ट भूमिका होती है। वस्तु बाजार (Commodity market), स्कंध बाजार (Stock market), मुद्रा बाजार (Money market) तीन प्रकार के बाजारों का समीक्षात्मक विवरण मिलता है। इसमें प्रचलित तकनीकी शब्दों और अभिव्यक्तियों का प्रायः प्रयोग होता है। इसकी भाषा-शैली भी सामान्य भाषा से भिन्न होती है। इसकी लेखन शैली व्यक्ति-निरपेक्ष होती है। तकनीकी शब्दों और मुहावरों का प्रयोग होता है, तथ्यों का वर्णन होता है, अन्य पुरुष भूतकाल का प्रयोग होता है और शीर्षक भी स्पष्ट होता है। यह भाषा तटस्थता तथा निष्पक्षता से परिपूर्ण होती है। इसकी शब्दावली अपना विशिष्ट अर्थ लिए होती है। उदाहरण के लिए; बाजार मूल्य (Market price) : एक समय में वस्तु का चालू मूल्य; **कुल व्यापार** (Turn over) : एक निश्चित अवधि में बाजार में हुआ समस्त व्यापार और **आमद** (Arrivals) एक निश्चित अवधि में बिक्री के लिए आने वाला कुल माल। इसी प्रकार **तेज मूल्य** (Hard price) अर्थात् जब मूल्य वृद्धि की ओर हो और **मंदा मूल्य** (Soft price) अर्थात् जब मूल्य ह्रास की ओर हो। सबल या मजबूत बाजार, खुशहाल बाजार, शांत बाजार, मृत बाजार आदि शब्द भी अपना विशिष्ट अर्थ लिए हुए हैं।

बाजार में खामोशी, बाजार टूटा, बाजार मूल्यों का टिके रहना, मूल्यों का पलटा खाना, सोना लुढ़का, गुड़ में तेजी, मूँग भड़की, गेहूँ मज़बूत, चना उछला, चावल नरम, आर्थिक वृद्धि दर छह प्रतिशत तक होने की उम्मीद आदि अभिव्यक्तियों से व्यवसाय संबंधी सूचना मिलती है। ये विशिष्ट प्रयोग हैं जिनका अपना संदर्भपरक अर्थ है। इसी आधार पर व्यावसायिक उपप्रयुक्ति अर्थात् बाजार समाचार की शैली भी एक प्रकार से तकनीकी और विशेषीकृत प्रयोग है। जनसंचार माध्यमों के द्वारा बाजार समाचार और विज्ञापन आदि से व्यावसायिक

हिंदी का जो रूप उभरा है वहाँ व्यवसाय की प्रयुक्ति के धरातल पर शैली-संदर्भित भेद भी स्पष्ट दिखाई देते हैं।

विज्ञापन

विज्ञापन का माध्यम वास्तव में जनसंचार माध्यम है किंतु इसके व्यावसायिक संदर्भ भी हैं। विज्ञापन के क्षेत्र में उत्पादक और उपभोक्ता के साथ-साथ जनसंचार और यातायात के साधन भी सम्मिलित हैं। इसलिए सामान्य रूप से दृश्य, श्रव्य और दृश्य-श्रव्य माध्यमों से जो विज्ञापन आते हैं उसकी भाषा में चार गुण भी मिलते हैं : आकर्षक तत्त्व, श्रव्यता और सुपाठ्यता, स्मरणीयता, विक्रय की शक्ति। विज्ञापन में प्रमुख हैं जिनके माध्यम से व्यवसायी को अनेक लाभ होते हैं; जैसे--माँग बढ़ाना, माँग को बनाए रखना, अपनी वस्तु की गुणवत्ता की सूचना देना, मूल्य गुण नियंत्रण।

उत्पादों के बारे में आकर्षण का तत्त्व उत्पन्न करने के लिए अनेक प्रकार की वाक्य-संरचनाओं का प्रयोग होता है। 'और', 'क्योंकि', 'सिर्फ़', 'जरा सा', 'अब आप समझे', जैसे वाक्यों से उत्पाद की गुणवत्ता की जानकारी मिलती है।

और नेसकेफ़ अब नए पैक में।

क्योंकि, अनंत अनुराग ही जीवन है। (ग्रावियन सूटिंग्स)

सिर्फ सर्फ (सर्फ पाउडर)

अब आप समझे, मैंने यह टिकिया क्यों ली? (रिन साबुन)

उत्पादों का प्रचार-प्रसार बड़े ही सरल, सुबोध और रोचक ढंग से किया जाता है। 'वीको वज्रदंती' टूथपेस्ट के विज्ञापन की भाषा सुपाठ्यता और संगीतात्मकता से परिपूर्ण होती है। इससे उत्पाद वस्तु के ब्रांड को अथवा उसको स्मरण रखने में सहायता मिलती है। याद रखिए, थोड़े समय के लिए छोटी-सी बचत सदा के लिए आपकी बँधी आमदनी बँध जाती है–जैसे वाक्यांशों में आज्ञार्थक रूप 'याद रखिए' और 'आप' सर्वनाम से प्रभावकारी अभिव्यंजना होती है। इन गुणों के आधार पर उत्पाद वस्तु की विक्रय शक्ति में बढ़ोतरी होती है। इस प्रकार उत्पाद वस्तु की विक्रय शक्ति उसके प्रचार-प्रसार की संप्रेषणीयता में है। इसकी भाषा कभी औपचारिक और अनौपचारिक होती है और कभी लिखित तथा मौखिक।

प्रयुक्ति के संदर्भ में वाणिज्यिक और व्यावसायिक हिंदी की भाषा का निर्माण होता है। इसके स्वरूप के निर्धारण के लिए व्यवसाय, व्यापार और विज्ञापन की हिंदी में अनंत संभावनाएँ मिलती हैं। वास्तव में व्यावसायिक और व्यापारिक क्षेत्रों में वितरण की प्रणाली को सुचारु रूप से चलाने के लिए तथा

व्यवसाय और वाणिज्य के मूल उद्देश्यों की पूर्ति में विज्ञापन का महत्त्वपूर्ण योगदान रहता है। विज्ञापन के माध्यम से उपभोक्ता, दर्शक और पाठक के सामने जो संदेश, नारे, सूचनाएँ, शीर्षक आदि संप्रेषित किए जाते हैं, उनमें मुख्य रूप में भाषा की भूमिका रहती है और यह शक्ति हिंदी में पूर्ण रूप से है।

वाणिज्यिक हिंदी में शब्दावली का निर्माण विभिन्न स्रोतों से किया गया है। उदाहरण के लिए; तत्सम शब्द–अनुदान, आपूर्ति, निधि, उद्योग, श्रम; देशज–भाड़ा, कटौती, बयाना; अंग्रेज़ी शब्दों के हिंदी पर्याय–पूँजी प्रवाह (Flow of capital), निर्यातोन्मुखी (Export oriented); संकर शब्द–कोटा निर्धारण, शेयरधारी, हुंडी पत्र, अतिरिक्त सप्लाई; विदेशी शब्द–अमानत, खपत, हर्जाना, मुआवजा, पार्सल, ट्रेड मार्क। दो वैकल्पिक शब्दों–संविदा, ठेका में से किसी एक का प्रयोग होता है। इसी प्रकार अद्वितीय, अनूठान, बेजोड़, बेमिसाल, लाजवाब आदि शब्दों में उपसर्गों का प्रयोग विशिष्टता लाने के लिए हुआ है। मजेदार, जायकेदार, जानदार, टिकाऊ, खुशनुमा, मजबूत, चटपटा, स्वादिष्ट, सुगंधित, कोमल आदि विशेषण भाषा को आकर्षक और प्रभावाभिव्यंज़क बनाते हैं। क्रीम-सी कोमल, मखमली गरमाई, रेशम जैसा मुलायम, हवा-सी हल्की जैसे तुल्यार्थक शब्द भाषा को प्रभावकारी बनाते हैं।

इस प्रकार वाणिज्यिक और व्यावसायिक हिंदी का उद्देश्य दूसरे पक्ष को अपने उत्पादन की गुणवत्ता, उसकी आपूर्ति और वितरण-व्यवस्था के बारे में जानकारी देना है। इसलिए यह भाषा मुख्यतः विवेचनात्मक और विश्लेषणात्मक होती है। इसमें प्राप्तकर्ता की रुचि में वृद्धि होती है और प्रेषक का दृष्टिकोण समझा जा सकता है। इसलिए यह भाषा सरलता, स्पष्टता, संक्षिप्तता, नम्रता, शिष्टता आदि गुणों से परिपूर्ण होती है। इस भाषा में निहित संप्रेषणीयता, प्रभावोत्पादकता, रोचकता और प्रेरक शक्ति व्यवसाय को समृद्ध और उन्नत बनाती है।

जनसंचार की भाषा

आधुनिक युग में जनसंचार का अत्यधिक महत्त्व है। प्राचीन काल में लोग छोटे-छोटे समुदायों के रूप में रहते थे। वे परस्पर संपर्क से एक-दूसरे से जुड़े हुए थे। आज मानव समुदाय विश्व भर में बिखरा हुआ है, इसलिए उनको सूचना प्रेषित करने के लिए संचार माध्यम का सहारा लेना पड़ता है। 'संचार' शब्द अंग्रेज़ी के 'कम्युनिकेशन' शब्द के पर्याय के रूप में प्रयुक्त होता है। इसका अर्थ है—सूचना देना; संदेश देना, संप्रेषित करना और अपनी बात दूसरों तक पहुँचाना। 'संचार' के पहले 'जन' शब्द लगाकर 'जनसंचार' शब्द निर्मित हुआ अर्थात् जनता तक संदेश या सूचना पहुँचाना। जनसंचार के माध्यम से व्यापक स्तर पर जन मानस तक सूचनाएँ संप्रेषित की जाती हैं। इस प्रकार संप्रेषण की संपूर्ण प्रक्रिया जनसंचार है जिसके द्वारा मानव अपने विचारों और मंतव्यों का आदान-प्रदान करता है।

जनसंचार का विकास मूलतः मनुष्य के विकास के साथ-साथ हुआ है। इसलिए इसकी परंपरा पीढ़ी-दर-पीढ़ी विकसित होती हुई आधुनिक माध्यम तक आ पहुँची है। जनसंचार माध्यम को मुख्य रूप से दो वर्गों में विभाजित किया गया है—(1) परंपरागत माध्यम और (2) आधुनिक माध्यम।

(1) परंपरागत माध्यम : भारत में परंपरागत माध्यमों के अनेक रूप हैं। लोकगीत, लोक नाट्य, लोककलाएँ, लोक रंगमंच, उत्सव तथा पर्व, मेले, गीत, संगीत, आदि परंपरागत माध्यम आज भी अपनी प्रासंगिकता और क्रियाशीलता बनाए हुए हैं।

(2) आधुनिक माध्यम : सूचना क्रांति के वर्तमान युग में संचार माध्यमों में अभूतपूर्व विकास हुआ है। इसमें मुद्रण माध्यम का विकास पहले हुआ और बाद में इलेक्ट्रॉनिक माध्यम बड़ी तेज़ी से आया। आधुनिक संचार माध्यमों को भी निम्नलिखित वर्गों में विभाजित किया जा सकता है।

आधुनिक माध्यम

- मुद्रण माध्यम
- प्रसारण माध्यम
  - श्रव्य
  - दृश्य
  - श्रव्य-दृश्य

(क) मुद्रण माध्यम : इससे जन समाज तक समाचार पहुँचाने के लिए समाचार-पत्रों का प्रकाशन होता है। इन दैनिक समाचारपत्रों के साथ-साथ साप्ताहिक, पाक्षिक, मासिक, त्रैमासिक, अर्धवार्षिक और वार्षिक पत्र-पत्रिकाएँ भी प्रकाशित होती हैं। इसके अतिरिक्त विज्ञापन, पोस्टर, पैंफलेट, हैंडबिल, बैनर आदि मुद्रण संचार माध्यम के उपयोगी साधन हैं।

(ख) प्रसारण माध्यम : यह वास्तव में इलेक्ट्रॉनिक मीडिया है। इसके अंतर्गत श्रव्य, दृश्य और श्रव्य-दृश्य माध्यम आते हैं। रेडियो, टेलीफ़ोन, सेल्यूलर आदि श्रव्य माध्यम हैं। कंप्यूटर, ई-मेल, फैक्स आदि दृश्य माध्यम हैं और फिल्म, टेलीविज़न आदि श्रव्य-दृश्य माध्यम हैं। जनसंचार के ये माध्यम मानव जीवन को सहज और सुलभ बनाने में महत्त्वपूर्ण भूमिका निभा रहे हैं। इनके अभूतपूर्व प्रसार से जीवन के विभिन्न आयामों, कला, संस्कृति और साहित्य को नया रूप और अर्थ मिला है।

भाषा-प्रयोग के विभिन्न आयामों के सम्मिलित आधार पर किसी भी विषय-क्षेत्र की विशिष्टता निश्चित की जा सकती है। इस दृष्टि से जनसंचार की भाषा भी अपनी विशिष्टता लिए हुए है।

वास्तव में जनसंचार की भाषा एक प्रयुक्ति है जो अपना विशिष्ट स्वरूप लिए होती है। समाचार पत्र की भाषा, रेडियो की भाषा, दूरदर्शन की भाषा जनसंचारी प्रयुक्ति की उपप्रयुक्तियाँ हैं। इनमें विज्ञापन, बाजार भाव, संपादकीय, फिल्म समीक्षा, समाचार आदि भी अपना अलग-अलग भाषा-रूप लिए होते हैं। प्रयोजनमूलक स्तर पर यह विशिष्ट तकनीकी क्षेत्र से जुड़ी रहती है। यह भाषा तकनीकी, अर्धतकनीकी और अतकनीकी रूपों में से कोई एक तो हो सकती है किंतु अन्य तकनीकी क्षेत्रों की भाँति लिखित और मौखिक होने के साथ-साथ औपचारिक भी होती है। यह संपादित शैली का एक रूप है जो लिखित रूप का एक मौखिक रूप भी है। कहीं-कहीं स्वतः प्रसूत मौखिक भाषा में संपादित रूप नहीं होता किंतु वह सुविचारित ढंग से प्रतिपादित किया जाता है। इसमें तकनीकी शब्दों का प्रयोग भी स्थिति-विशेष के अनुसार होता है।

जनसंचार की भाषा का स्वरूप विशिष्ट तो होता ही है किंतु यह विज्ञान और मेडिकल की भाषा की भाँति तकनीकी नहीं होती। यद्यपि यह साहित्यिक नहीं होती तो आमफहम भाषा भी नहीं होती। इसकी स्थिति दोनों प्रवृत्तियों के बीच की होती

है। इसमें प्रयुक्त भाषा का प्रभाव-क्षेत्र व्यापक है, इसलिए लोक व्यवहार में जिस भाषा का प्रयोग होता है, उसका प्रयोग पहले संवाददाता ही करते हैं। इस प्रकार जनसंचार की भाषा में सर्वजन सुबोधता, प्रयोगधर्मिता और लचीलापन होता है जो उसे विशिष्ट रूप प्रदान करता है।

जनसंचार समाज के सभी वर्गों के लिए प्रयुक्त होता है। मुद्रण और प्रसारण माध्यम सभी वर्गों द्वारा पढ़े, देखे और सुने जाते हैं। इन्हें एक सामान्य पढ़े-लिखे या अशिक्षित मजदूर से लेकर उच्च शिक्षित वर्ग पढ़ता, देखता और सुनता है। किसी घटना या स्थिति विशेष के अनुरूप अभिव्यंजना पद्धति को गढ़ने की समस्या का सामना सबसे पहले जनसंचार माध्यमों को करना पड़ता है। इसके लिए उन्हें कई बार प्रचलित पद्धति से हटना पड़ता है और व्याकरणिक नियमों का अतिक्रमण भी करना पड़ता है। यह सारी प्रक्रिया पाठकों और दर्शकों की बौद्धिक क्षमता के अनुकूल की जाती है। जनसंचार की भाषा को सरल और सर्वग्राह्य बनाए रखने की अपेक्षा रहती है। इसमें प्रचलित शब्द या तो अपना विकास स्वयं कर लेते हैं या वे इस प्रकार प्रयुक्त होते हैं जो जन सामान्य की समझ में आ जाए। जनसंचार के अंतर्गत सामाजिक, सांस्कृतिक, राजनीतिक, आर्थिक, व्यावसायिक, क्रीड़ा, चलचित्र, धारावाहिक आदि सभी पक्षों को प्रस्तुत किया जाता है। इन्हीं के अनुरूप भाषा के विविध रूप देखे जा सकते हैं। उदाहरण के लिए—

समाचार

(1) 'दक्षिण-पूर्व एशिया में आतंकवाद की नई मंडी का नाम है—कॉक्स बाज़ार। वैसे बंगाल की खाड़ी के पूर्वी किनारे पर बसे कॉक्स बाज़ार को बंगलादेश की पर्यटन राजधानी के रूप में भी जाना जाता है। लेकिन अब यह पर्यटकों से ज़्यादा हथियारों और अफ़ीम के व्यापारियों के साथ आतंकवाद को लुभा रहा है। भारतीय खुफ़िया एजेंसियों की रिपोर्ट के अनुसार पिछले दस सालों में कॉक्स बाज़ार इस्लामी आतंकवादियों के प्रशिक्षण के लिए एक बड़े केंद्र के रूप में विकसित हो चुका है।' (दैनिक जागरण, 5 दिसंबर, 2004)

(2) दक्षिण भारत के तटीय इलाकों में दुबारा सुनामी लहरों के आने की चेतावनी जारी होने के बाद गुरुवार को इलाके में दहशत और अफरातफरी का माहौल रहा। उधर, भारत सहित सभी प्रभावित देशों में गुरुवार को और शवों के मिलने के बाद रविवार को हुए हादसे में मरने वालों की संख्या एक लाख बीस हज़ार पर पहुँच गई है। (जनसत्ता, 31 दिसंबर, 2004)

(3) कीर्ति नगर (दिल्ली) में आग लगी हुई है। इमारत में लकड़ी पड़ी थी। इसमें आग लगने में दो फ़ायर आफिसर अभी भी फँसे हुए हैं। कई लोग घायल हो गए हैं। कुछ लोगों को प्राइवेट अस्पताल में दाखिल किया गया है। लोगों ने लकड़ियाँ

रखी हुई, इसलिए फ़ायर ब्रिगेड को अंदर आने में समय लगा। इमारत बुरी तरह ध्वस्त हो चुकी है।

(टी.वी. चैनल 'आज तक' के संवाददाता की रिपोर्ट : 31 दिसंबर, 2004)

संपादकीय

(4) देश की निजी विमान सेवाओं को दूसरे देशों के लिए उड़ान की अनुमति देकर सरकार ने इस क्षेत्र में प्रतिस्पर्धा के दरवाज़े खोल दिए हैं। हालाँकि इस प्रतिस्पर्धा के आगे अभी कुछ सीमाएँ और शर्तें भी हैं। मसलन, संयुक्त अरब अमीरात, कतर, ओमान, बहरीन और सऊदी अरब जैसे देशों के लिए अगले तीन साल तक उड़ान भरने का अधिकार सार्वजनिक क्षेत्र की विमान सेवाओं एयर इंडिया, इंडियन एयरलाइन्स और उनकी सहायक कंपनियों के पास सुरक्षित रहेगा। खाड़ी देशों को छोड़कर विदेशों के लिए जाने की इजाजत भी उन्हीं विमानन कंपनियों को दी जाएगी जिनका घरेलू सेवा के क्षेत्र में पाँच साल का अनुभव हो और जिसके बेड़े में कम से कम बीस विमान शामिल होंगे। (जनसत्ता : 31 दिसंबर, 2004)

खेल

(5) भ्रमणकारी इंग्लैंड टीम गुरुवार को दक्षिण अफ्रीका के खिलाफ दूसरे क्रिकेट टेस्ट के आखिरी दिन इसी वर्ष की लगातार नौवीं टेस्ट जीत दर्ज कराने से उस समय चूक गई जब खराब रोशनी के कारण मैच ड्रा घोषित कर दिया गया। दिन का खेल समाप्त घोषित किए जाने के समय 378 रनों के लक्ष्य का पीछा कर रही दक्षिण अफ्रीकी टीम के आठ बल्लेबाज 290 रन पर पैवेलियन लौट चुके थे और 15 ओवर का खेल बाकी था। पुच्छले बल्लेबाज मख्या एनटिनी (16) और एबी डीविलियर्स (52) मोर्चा सँभाले हुए थे। (हिंदुस्तान : 31 दिसंबर, 2004)

इन उदाहरणों से यह स्पष्ट होता है कि किसी समाचार का वर्णन करने तथा संपादकीय, खेल आदि की अभिव्यंजना पद्धति तथा उसकी शब्दावली अपने-आप में विशिष्ट है। भाषा के संदर्भ में संवाददाताओं को शुद्धतावादी दृष्टि अपनाते हुए भी अपने पाठकों के अनुरूप भाषा को ढालना पड़ता है। जनसंचार की प्रकृति के अनुसार वे न तो आग्रहवादी हो सकते हैं और न ही परहेज़वादी। कहीं तो संस्कृतनिष्ठ हिंदी का प्रयोग होता है, कहीं अरबी-फ़ारसी मिश्रित हिंदी का, कहीं सामान्य हिन्दी का और कहीं अंग्रेज़ी शब्दों का। और कहीं इन सभी भाषा-शैलियों का मिश्रित रूप मिलता है। यद्यपि संस्कृत शैली का प्रयोग मुख्यतः तकनीकी विषयों के लिए होता है। अन्य विषयों के लिए लोकप्रचलित अरबी, फ़ारसी या अंग्रेज़ी और बोलचाल के शब्दों का प्रयोग प्रायः होता है। अपराध समाचारों में प्रायः विदेशी शब्दों का प्रयोग मिलता है। अरबी-फ़ारसी भाषाओं के फरार, बरामद, तफ़शीश, तलाशी, वारदात,

गिरफ्तार, नज़रबंद, ज़मानत, जालसाज़ी, गिरोह, रिहाई, जुर्माना, ज्यादती आदि अनेक शब्दों का प्रयोग मिलता है। इसके अतिरिक्त हिन्दी में अंग्रेज़ी जैसे कुछ यूरोपीय शब्द भी खप गए हैं। जैसे—मैजिस्ट्रेट, लाइसेंस, वारंट, रिमांड, बोगस, स्टंट, स्कैम, रिपोर्ट, कर्फ्यू, कोटा, हाईकमान। सामान्य पाठक की आवश्यकताओं को पूरा करने के लिए बोलचाल की ठेठ शब्दावली का प्रयोग बहुतायत से होता है जैसे—घोटाला, घपला, हथकंडे, हवाला, भंडाफोड़, लूटमार, घुसपैठ, लूटखसोट, भगदड़, झड़प, तोड़फोड़। इसके अतिरिक्त इलेक्ट्रॉनिक चैनलों पर किसी विशेष दुर्घटना, घटना या वर्णन के लिए विस्तृत कार्यक्रम होता है तो उसके आकर्षक शीर्षक दिए जाते हैं—बुश का बम सद्दाम का दम, सागर का क़हर, साल की चाल, मौत का समुंदर, समुद्र में उफ़ान आदि शीर्षक आज तक, स्टार न्यूज़, ज़ी.टी.वी. आदि चैनलों में प्रसारित होते रहते हैं। इस प्रकार जनसंचार में लोकप्रचलित भाषा की ओर अधिक झुकाव रहता है। यदि जनसंचार के माध्यमों के स्तर में वैभिन्न्य होगा तो पाठक वर्ग भी भिन्न हो सकता है। यदि किसी संचार माध्यम में तत्सम शब्दावली का प्रयोग होता है तो उसी के अनुरूप पाठक वर्ग भी होगा। देशज शब्दावली का प्रयोग तो सामान्य पाठक करता है और वह अपनी आवश्यकता के अनुरूप भाषा चाहेगा। अतः बोधगम्यता और संप्रेषणीयता की दृष्टि से जनसंचार की भाषा से न तो व्याकरणिकता की अपेक्षा की जाती है और न ही इसकी रक्षा के लिए लोकप्रिय प्रयोगों की उपेक्षा की जाती है। लेकिन यह अपेक्षा अवश्य की जाती है कि मानक भाषा का प्रयोग किया जाए हालाँकि कुछ माध्यमों में, विशेषकर मुद्रण माध्यमों में अर्थात् समाचारपत्रों तथा पत्रिकाओं में आंचलिक या बोलीगत शब्दों का यदा-कदा प्रयोग मिल जाता है।

श्रव्य और दृश्य माध्यमों की भाषा के प्रायः अलग-अलग रूप हैं। मुद्रण माध्यम में मानक भाषा की अत्यधिक अपेक्षा रहती है और इलेक्ट्रॉनिक माध्यम अथवा श्रव्य-दृश्य माध्यम में मानक भाषा अपेक्षाकृत कम होती है। इधर दूरदर्शन माध्यम में, विशेषकर ग़ैर-सरकारी चैनलों में हिंदी की विभिन्न शैलियों के अतिरिक्त हिंदी और अंग्रेज़ी का मिश्रण अधिक हो रहा है। यह एक नया बदलाव है जिसमें भाषा लोकरंजन की वस्तु ही न बनकर जनरंजन की भाषा बनती जा रही है। यह बाज़ार की भाषा है हिंग्लिश। इसमें ओ. के., यू. नो., लैट्स हैव, वाऊ आदि अनेक शब्द हिंदी में घुसपैठ कर रहे हैं। इस प्रकार हिंदी का पश्चिमीकरण हो रहा है। वही भाव, वही लहज़ा, वही लय पश्चिम की सुर में सुर मिला रहे हैं। यह स्थिति सही नहीं है। हिंदी की अपनी प्रकृति है। जनसंचार में उसकी प्रकृति, उसकी स्वाभाविकता और नैसर्गिकता तथा उसका मानकीकरण बने रहने से भाषा का विकास होगा और वह भारतीय समाज, भारतीय संस्कृति तथा भारतीय जीवन का सही रूप से दिग्दर्शन करा सकेगी।

मशीनी भाषा

भाषा एक अवधारणा नहीं वरन् दैनिक जीवन में प्रयुक्त होने वाली यथार्थ वस्तु है। इसके माध्यम से मनुष्य विभिन्न स्थितियों, संदर्भों और प्रसंगों में भाषा का जो व्यवहार करता है उसके लिए उसे विशाल शब्द भंडार की आवश्यकता है। किंतु कई बार भाषा में कुछ ऐसे शब्द और वाक्य प्रयुक्त होते हैं जो संदिग्धार्थी अथवा अनेकार्थी होते हैं। जैसे—'सोना' शब्द के दो अर्थ हैं—एक मूल्यवान धातु और दो, निद्रा। इसी प्रकार वाक्य स्तर पर भी भ्रांति होने की संभावना रहती है। जैसे—

मोहन ने दौड़ते हुए कुत्ते को मारा वाक्य (1) में 'मोहन दौड़ रहा था' अथवा 'कुत्ता दौड़ रहा था'—दोनों अर्थ हो सकते हैं।

प्रकृत भाषा में हिंदी सर्वनाम का अर्थ बिना संदर्भ के समझना सरल नहीं है। जैसे—

उसने उसे प्यार किया है।

इस वाक्य के अंग्रेजी अनुवाद इस प्रकार होंगे।

He Loved him

He loved her.

She loved him.

She loved her.

उपर्युक्त वाक्यों का उपयुक्त अर्थ जानने के लिए संदर्भ और सामान्य ज्ञान दोनों की आवश्यकता रहती है। वास्तव में कंप्यूटर अपनी सभी क्षमताओं और शक्तियों के बावजूद एक निर्जीव मशीन है। इसलिए कंप्यूटर और मनुष्य के बीच संवाद स्थापित करने के लिए स्पष्ट, सटीक, सुबोध, एकार्थी और भ्रांतिहीन भाषा के प्रयोग की अपेक्षा रहती है। यह भाषा प्रायः अभिधापरक होती है और इसमें लक्षणा तथा व्यंजना का कोई स्थान नहीं होता है। कंप्यूटर के साथ संवाद स्थापित करने के लिए जिस भाषा का प्रयोग होता है, उसकी प्रोग्रामिंग होती है अर्थात्

आदेश अथवा अनुदेश दिए जाते हैं। भाषा के इस रूप को कंप्यूटर की भाषा अथवा मशीनी भाषा कहते हैं। इन भाषाओं में सीमित और नियमित शब्दावली होती है जो कंप्यूटर के थोड़े से पूर्व निर्धारित संदेश भेजने पर मिलती है। कंप्यूटर की इन सभी भाषाओं को तीन वर्गों में विभाजित किया जा सकता है–

1. मशीनी भाषा अर्थात् निम्नस्तरीय भाषाएँ
2. असेंबली भाषा अर्थात् मध्यस्तरीय भाषाएँ
3. बेसिक, कोबोल, सी+ + आदि भाषा अर्थात्–उच्चस्तरीय भाषाएँ

मशीनी भाषा : यद्यपि कंप्यूटर की अनेक भाषाओं को समझने के लिए कंप्यूटरों का प्रोग्रामन किया जा सकता है, किंतु कंप्यूटर द्वारा केवल एक भाषा को बिना अनुवाद प्रोग्रामन का प्रयोग किए समझा जा सकता है। यह भाषा मशीनी भाषा अथवा कंप्यूटर का मशीनी कोड कहलाता है। मशीनी कोड कंप्यूटिंग की आधारभूत भाषा है और जो सामान्यतः एक और शून्य के बीच की लड़ी से लिखी जाती है। कंप्यूटर का यह परिपथ क्षेत्र तारों से इस प्रकार बँधा होता है कि यह मशीनी भाषा को तत्काल समझ जाता है और यह विद्युत संकेतों में बदल जाता है जिसकी आवश्यकता कंप्यूटर चलाने के लिए होती है।

मानव प्रोग्रामर दशमलव प्रणाली से काम करते हैं, अतः प्रोग्रामर प्रारंभ में दशमलव प्रणाली में अपना प्रोग्राम लिख सकता है और इनपुट युक्ति के माध्यम से वह द्विचर रूप में परिवर्तित हो जाता है। चूँकि यह भाषा पूर्णरूप से मशीन विशेष पर आश्रित होती है, इसलिए इसे मशीनी भाषा कहते हैं। मशीनी भाषा में जो अनुदेश तैयार किए जाते हैं उसका प्रारूप दो भागों में बँटा होता है। पहला भाग कमांड या प्रचालन होता है और यह कंप्यूटर को बताता है कि कौन-से प्रकार्य निष्पादित करने हैं। प्रत्येक कंप्यूटर को अपने प्रत्येक प्रकार्य के लिए एक प्रचालन कोड (ऑपकोड) होता है। अनुदेशों का दूसरा भाग प्रेषित पता या स्थल (आपरेंड) होता है और यह कंप्यूटर को बताता है कि डाटा को कहाँ से प्राप्त करना है। उसका भंडारण कहाँ करना है और अन्य अनुदेश भी होते हैं जिनसे काम लिया जाता है। इस प्रकार प्रत्येक अनुदेश केंद्रीय संसाधन इकाई (सी. पी. यू.) द्वारा सीधे ही समझे जाते हैं कि क्या करना है और डाटा क्षेत्र की कितनी मात्रा और स्थल हैं जो प्रचालन के भीतर आते हैं। विशिष्ट प्रचालनों में जोड़, घटा, पठन, लेखन आदि आते हैं।

ऑप कोड (प्रचालन कोड)	ऑपरेंड पता/स्थल

आंतरिक प्रचालन के निष्पादन के लिए हम जानते हैं कि सभी कंप्यूटर/द्विचर अंकों (0 और 1) का प्रयोग करते हैं। इस प्रकार अधिकतर कंप्यूटरों की मशीनी भाषा द्विचर (बाइनरी) संख्याओं की लड़ी होती है और यही एक लड़ी है जिसे सी. पी. यू. सीधे ही समझता है। जब इसका भंडारण कंप्यूटर में होता है तो जो संकेत मशीनी भाषा प्रोग्राम का निर्माण करते हैं वे 1 और 0 की संख्याओं से बने होते हैं। उदाहरण के लिए, प्रिंटर पर संख्याओं के मुद्रण के लिए विशिष्ट प्रोग्रामन अनुदेश इस प्रकार हो सकता है।

101100111 111 0 1 00 111 0 11 00

इस भाषा को सीखना बहुत आसान नहीं है क्योंकि एक तो इसे पढ़ना और समझना कठिन है और दूसरा इसे अंक पद्धति में लिखा जाता है जिनसे हम परिचित नहीं होते। किंतु यह जानकर आश्चर्य होगा कि प्रोग्राम कर्ताओं ने पहले कुछ कंप्यूटरों में काम किया था, वास्तव में इसी द्विचर रूप में प्रोग्राम लिखे थे।

मशीनी भाषा पें लिखे जाने वाले प्रोग्राम कंप्यूटर से तीव्र गति में होते हैं। इसका मुख्य कारण है कि मशीनी प्रोग्राम लिखने वाले व्यक्ति के लिए कंप्यूटर की जानकारी होना आवश्यक नहीं है। इसमें कंप्यूटर के सभी प्रचालन कोडों को याद रखना पड़ता है और इसकी विस्तृत जानकारी रखनी पड़ती है कि प्रत्येक कोड का काम क्या है? कंप्यूटर की विभिन्न प्रयुक्तियों पर इसका क्या प्रभाव पड़ता है? और प्रोग्राम को किसी भी अनुवाद की अपेक्षा नहीं होती। किंतु मशीनी भाषा में प्रोग्राम लिखना काफी कठिन है और इसमें समय अधिक लगता है, क्योंकि इसमें दशमलव या द्विचर प्रणाली को याद रखने में कठिनाई होती है और प्रोग्राम लिखने में अशुद्धियों की आशंका भी रहती है। इसलिए असेंबली भाषा का विकास हुआ।

असेंबली भाषा : मशीनी भाषा में जो संख्या थी उनके स्थान पर अक्षर और संकेतों को प्रतिस्थापित किया गया है। यही असेंबली भाषा है। इसे उन्नत मशीनी भाषा भी कह सकते हैं। इसके अंतर्गत भाग करने के लिए Div, घटा के लिए Sub, गुणा के लिए Mlt को द्विचर रूप में 1001 के रूप में रूपांतरित किया जा सकता है। रूपांतरण की यह प्रक्रिया एक प्रोग्राम के एसेंबल से संपन्न होती है और इसे स्मृति कोश (मेमोरी) में भी रखा जा सकता है। इस मध्यस्तरीय मशीनी भाषा को समझना और इस्तेमाल करना आसान है। इससे अशुद्धियों का पता आसानी से लगाया जा सकता है और उन्हें सुधारा जा सकता है। इसकी कार्यक्षमता निम्नस्तरीय मशीनी भाषा से अधिक है। चूँकि असेंबली भाषा मशीन पर निर्भर है, इसलिए प्रोग्रामर को मशीन की विशिष्ट प्रकृति के बारे में अवगत होना पड़ता है और प्रोग्रामों की अपेक्षाओं को जानना होता है। इसलिए हार्डवेयर का ज्ञान अपेक्षित रहता है।

उच्च स्तरीय भाषा : छठे दशक में कंप्यूटर को सर्वजन-सुलभ बनाने और उसके व्यावसायिक उपयोग के लिए उच्चस्तरीय भाषाओं का विकास हुआ। मशीनी और असेंबली भाषाओं के लिए कंप्यूटर के गहन ज्ञान की अपेक्षा रहती थी किंतु उच्चस्तरीय भाषाएँ केंद्रीय संसाधन इकाई (सी. पी. यू.) की नियंत्रण इकाई को बताती है। इसमें प्रोग्राम को कंप्यूटर की आंतरिक संरचना की अपेक्षा समस्या को जानना अधिक आवश्यक है। इसमें प्रोग्राम संकलक द्वारा होता है जो इसे मशीनी कोड में बदलता है। यह एक प्रकार का अनुवाद है जिसे इंटरप्रेटर कहते हैं। इन उच्चस्तरीय मशीनी भाषाओं में बेसिक, कोबोल, फोरट्रान आदि भाषाएँ कंप्यूटर प्रोग्रामन के लिए महत्त्वपूर्ण भूमिकाएँ निभाती हैं।

बेसिक (Basic) भाषा : यह अंग्रेज़ी के (Beginning All purpose symbolic All Instructions Code) का संक्षिप्त रूप है। इसका सर्वप्रथम प्रयोग डार माउथ विश्वविद्यालय में किया गया था और सन् 1978 में इसका मानकीकरण अमरीका में हुआ था। अमरीका की आई. बी. एम. कंपनी ने माइक्रोसाफ्ट कंपनी से इसका विशेष संस्करण बनवाया जो सभी पर्सनल कंप्यूटरों के साथ स्थायी रूप से लगी प्रत्येक डिस्क पर संचित कर रखा हुआ है। इस भाषा के तीन भाग हैं।

अनुदेश क्रम संख्या	अनुदेश कोड	गणितीय पद	अनुदेश संख्या

वास्तव में कंप्यूटर की भाषा में मशीनी अनुदेशों के क्रमबद्ध संकलन को **प्रोग्राम** कहते हैं, बेसिक भाषा के निर्देश बहुत आसान होते हैं। इससे कई मानव श्रम घंटे बच जाते हैं। इसमें एसेंबलर को इंटरप्रेटर के रूप में प्रयुक्त किया जाता है। इसकी सहायता से प्रोग्राम में निहित आदेशों को पंक्ति-दर-पंक्ति निष्पादित किया जा सकता है। बेसिक में अनुदेश बेसिक भाषा का प्रयोग किसी भी कंप्यूटर पर किया जा सकता है। बेसिक भाषा को सीखने के बाद अन्य उच्चस्तरीय भाषाओं को सीखना आसान है। इस भाषा के माध्यम से कंप्यूटर पर शब्द संसाधन से लेकर श्रव्यात्मक और दृश्यात्मक कार्य भी किए जा सकते हैं। इसका प्रयोग वास्तविक काल प्रोग्रामन और बहु कंप्यूटर प्रोग्रामन के लिए भी हो सकता है।

कोबोल भाषा अंग्रेजी के Common Business Oriented Language (COBOL) शब्दों का संक्षिप्त रूपांतर है। मुख्य रूप से इसका उपयोग व्यावसायिक कार्यों के लिए होता है। इस भाषा में व्यापक स्तर पर डाटा संसाधित कक्षा की क्षमता है। इसे चार विभागों में विभाजित किया गया है—**परिचय विभाग** : इसमें प्रोग्राम का नाम, उद्देश्य, फाइलों तथा प्रलेखों का विवरण होता है। **2. पर्यावरण**

विभाग : इसमें प्रोग्राम में प्रयुक्त हार्डवेयरों का विवरण, प्रिंटर आदि का नाम होता है। **3. डाटा विभाग :** इसमें डाटा का संसाधन होता है और **4. प्रचालन विभाग :** इसमें आदेशों का विवरण चरणबद्ध होता है।

फोरट्रान (FORTRAN) भाषा अंग्रेजी के Formula Translation शब्दों का संक्षिप्त रूप है। इसका विकास सन् 1957 में आई. बी. एम. ने किया था। यह विश्व की सर्वप्रथम उच्चस्तरीय प्रोग्रामन भाषा है। इसका प्रयोग विभिन्न प्रकार की वैज्ञानिक गणनाओं के लिए होता है। प्रारंभ में पंचकार्डों में इसका प्रयोग होता था किंतु माइक्रो कंप्यूटर के विकास के बाद फोरट्रान-77 का प्रयोग होने लगा। फोरट्रान में बीजगणितीय सूत्रों का अधिकतर प्रयोग होता है। इसी प्रकार, सी सी +, सी ++ भाषाएँ भी विकसित हुई हैं। ये सभी भाषाएँ प्रक्रिया प्रधान अथवा तृतीय पीढ़ी की भाषाएँ हैं।

उच्च स्तरीय भाषा की समस्या प्रधान और चौथी पीढ़ी भाषा में अनुप्रयोग, प्रजनन अधिक है। इन अनुप्रयोगों के विकास के लिए लोटस 1-2-3, डी-बेस अथवा पॉवर प्वाइंट के ज्ञान की आवश्यकता है। इसके कोड को समझना सरल है और इसे सीखना भी आसान है।

उच्च स्तरीय भाषा में एक अन्य प्रकृत भाषा है जो अभी विकासशील स्थिति में है। इससे कई क्षेत्रों में, विशेषकर कृत्रिम बुद्धि के क्षेत्र में काफी प्रभाव पड़ेगा। इसमें एल आई एस पी और प्रोलोग लोकप्रिय प्रकृत भाषाएँ विकसित हो रही हैं। ये उच्च स्तरीय भाषाएँ संकलक भाषाएँ अथवा व्याख्यायित भाषाएँ कहलाती हैं।

इस प्रकार कंप्यूटर की भाषाएँ तीन स्तरों पर विकसित हुई हैं। ये भाषाएँ आज प्रोग्रामन के लिए काफी उपयोगी हैं। इनसे विभिन्न प्रकार के साफ्टवेयर तैयार किए जाते हैं।

अनुवाद और पारिभाषिक शब्दावली

अनुवाद क्या है

भाषा का जन्म व्यक्तियों में आपसी विचार-विनिमय के प्रयत्न से हुआ तो अनुवाद का जन्म दो भाषा-भाषी व्यक्तियों या समुदायों में विचार-विनिमय संभव बनाने के लिए। अतः अनुवाद एक ऐसी प्रक्रिया है जो दो भाषाओं पर लागू होती है अर्थात् एक भाषा की पाठ्य सामग्री को दूसरी भाषा में प्रस्तुत करना अनुवाद है।

वैसे तो अनुवाद की परंपरा प्राचीन काल से चली आ रही है। वास्तव में अनुवाद कर्म उतना ही प्राचीन है, जितना मूल लेखन। इसका इतिहास भी उतना ही सम्मानजनक और जटिल है जितना साहित्य की अन्य विधा का। लेकिन आज के समाज के बहुभाषी होने के कारण इसका महत्त्व और भी बढ़ गया है। आधुनिक समाज में विभिन्न क्षेत्रों में प्रगति होने के कारण यह एक सामाजिक आवश्यकता बन गया है। साहित्य के अतिरिक्त अब विज्ञान, विधि, प्रशासन, बैंकिंग आदि में इसके महत्त्व को समझा जा रहा है। केवल यही नहीं, शिक्षा और नागरी परिवेश ने प्रत्येक व्यक्ति को बहुभाषी बना दिया है जिसके कारण उसे स्वयं अनुवादक (चाहे अनजाने रूप में) बनना पड़ रहा है। इस प्रकार आज अनुवाद की महत्ता बढ़ती जा रही है।

(क) अनुवाद का अर्थ और परिभाषा

अनुवाद शब्द मूलतः संस्कृत का है। इसमें 'अनु' उपसर्ग है। अतः अनुवाद शब्द 'अनु' और 'वाद' के जोड़ से बना हुआ है। 'अनु' का अर्थ है 'पीछे या बाद में' और 'वाद' का अर्थ है–'बोलना या कहना।' अतः अनुवाद का मूल अर्थ है 'पुनः कथन या किसी के कहने के बाद कहना।' बाद में यह अर्थ संकीर्ण होते हुए भी 'एक भाषा की पाठ्य-सामग्री का दूसरी भाषा में रूपांतरण' माना गया।

अनुवाद सदैव एक निर्दिष्ट दिशा की ओर निष्पादित होता है—अर्थात् स्रोत भाषा से लक्ष्य भाषा की ओर। जिस भाषा की पाठ्य-सामग्री अनूदित होती है उसे स्रोत भाषा कहते हैं और जिस भाषा में अनुवाद किया जाता है वह लक्ष्य भाषा कहलाती है। लेकिन यह जरूरी नहीं कि स्रोत भाषा की पाठ्य-सामग्री का अंतरण लक्ष्य भाषा में पूर्ण रूप से हो। वास्तव में दो भाषाओं के अनुभव की उपलब्धि और अभिव्यक्ति पूर्णतया एक प्रकार से नहीं होती, इसलिए 'पूर्ण अनुवाद' नहीं हो पाता बल्कि 'लगभग अनुवाद' हो पाता है। वास्तव में कई बार स्रोत भाषा के शब्दों, वाक्यांशों, वाक्यों और अभिव्यक्तियों के लिए समानार्थक और उपयुक्त पर्याय नहीं मिल पाते क्योंकि स्रोत भाषा और लक्ष्य भाषा की अपनी-अपनी व्याकरणिक संरचना और सामाजिक-सांस्कृतिक पृष्ठभूमि होती है। साथ ही लक्ष्य भाषा में अर्थ-प्रस्तुति और उस भाषा के सौंदर्य का भी अपना महत्त्व है। इस प्रकारं प्रत्येक स्तर पर अर्थ के स्तर पर या व्याकरण के स्तर पर अनुवाद की अपनी सीमा होती है और वह चाहे कितना भी अच्छा क्यों न हो, मूलकृति के समान नहीं हो सकता।

अनुवाद स्रोत भाषा में संप्रेषित भाव और अर्थ को लक्ष्य भाषा में मूर्त रूप प्रदान करने का प्रयास करता है। इस दृष्टि से अनुवाद में रूप और अर्थ का विशेष स्थान है। इस संकल्पना के आधार पर अनुवाद की अनेक परिभाषाएँ दी गई हैं जिनमें कुछ महत्त्वपूर्ण परिभाषाएँ और विशेषताएँ इस प्रकार हैं—

(1) "मूल के भावों की रक्षा करते हुए उसे दूसरी भाषा में बदलना अनुवाद है।"

सेम्युअल जानसन

(2) "अनुवाद के तीन सार्वभौम सिद्धांत हैं—(क) अनुवाद में मूल कृति के विचारों का पूर्ण अंतरण होना चाहिए। (ख) लेखन की शैली और विधि नहीं होनी चाहिए जो मूल कृति की हो। (ग) अनुवाद में मौलिक रचना की सहजता होनी चाहिए।"

टाइटलर

(3) "यदि अनुवादक मूल के सौंदर्य को सुरक्षित न रख सके तो कम से कम उस पर अपने जीवन की कुरूपता को तो आरोपित न करे। अनुवाद यथासंभव सजीव तो होना ही चाहिए। भूसे भरे गिद्ध की अपेक्षा जीवित गौरैया कहीं बेहतर है।"

एडवर्ड फिट्ज़जेराल्ड

(4) "किसी एक भाषा (स्रोत भाषा) की पाठ्यसामग्री को अन्य दूसरी भाषा (लक्ष्य भाषा) में समतुल्य शब्दों के आधार पर प्रतिस्थापन करना अनुवाद है।"

जे.सी. केटफर्ड

(5) "स्रोत भाषा के संदेश को संग्राहक भाषा (लक्ष्य भाषा) में उसके सहज और निकटतम समतुल्य शब्दों द्वारा व्यक्त करना अनुवाद है किंतु इसमें पहली प्राथमिकता अर्थ को और दूसरी शैली को दी जानी चाहिए।"

यूजीन ए. नाइडा

(6) "अनुवाद एक भाषा से दूसरी भाषा में पाठ के कथ्य का अंतरण है, यह ध्यान में रखते हुए कि कथ्य को रूप से सदैव अलग नहीं किया जा सकता।"

फोरेस्टेन

उपर्युक्त परिभाषाओं से यह स्पष्ट होता है कि अनुवाद में दो भाषाओं की अनिवार्यता है। दूसरा, भावों और विचारों में समानता हो और यह समानता स्रोतभाषा के समतुल्य पर्यायों के लक्ष्यभाषा में उपलब्ध होने पर ही हो सकती है। इस आधार पर अनुवाद की परिभाषा होगी– "एक भाषा में व्यक्त भावों या विचारों को दूसरी भाषा में समतुल्यता के आधार पर सहज रूप से अभिव्यक्त करना अनुवाद है।"

भाषा ध्वनि-प्रतीकों की व्यवस्था है और अनुवाद निकटतम समतुल्य और सहज प्रतिप्रतीकन है। इसमें स्रोत भाषा के प्रतीकों के स्थान पर लक्ष्य भाषा प्रतीकों का प्रतिस्थापन अथवा अंतरण किया जाता है। प्रतीक अभिव्यक्ति और कथ्य की समन्वित इकाई है। अनुवाद कथ्य को एक प्रतीक व्यवस्था की अभिव्यक्ति से दूसरी प्रतीक व्यवस्था की अभिव्यक्ति में संयोजित करता है। इसे निम्नलिखित आरेख में देखा जा सकता है।

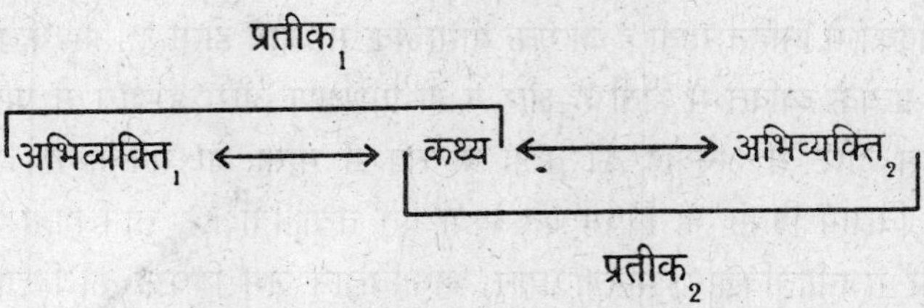

इस प्रकार अनुवाद में स्रोतभाषा और लक्ष्य भाषा की अभिव्यक्ति अलग-अलग है किंतु कथ्य एक है। इस दृष्टि से अनूदित पाठ मूल पाठ का सहपाठ हो जाता है क्योंकि उसमें मूल पाठ का भाव, अर्थ और कथ्य समाहित होता है।

(ख) अनुवाद : कला, विज्ञान और शिल्प

अनुवाद को कला माना जाए या विज्ञान या शिल्प, इस संबंध में विद्वानों में काफी मतभेद है। विद्वानों का एक वर्ग अनुवाद को कला के रूप में मानता है। ये विद्वान

साहित्य की दृष्टि से अपना मत देते हैं। इनके मतानुसार साहित्यिक कृति एक ओर मात्र संभावना होती है जिसमें कथ्य देश और काल की सीमा का अतिक्रमण कर शाश्वत रूप में संयोजित होता है। दूसरी ओर, प्रत्येक साहित्यिक कृति अपने में अलौकिक और विशिष्ट होती है। साहित्यिक कृति के शाश्वत पक्ष का दूसरी भाषा में अंतरण या प्रतिस्थापन तो हो सकता है क्योंकि वह भाषा की परिधि से बाहर होता है किंतु साहित्यिक कृति की अलौकिकता और विशिष्टता अभिव्यक्ति के उस पक्ष से जुड़ी होती है जो भाषा से मुक्त नहीं होती। अतः अनुवाद में उसकी विशिष्टता प्रायः नष्ट हो जाती है।

यह सही है कि अनुवाद में अनुवादक उसी प्रकार आत्माभिव्यक्ति नहीं करता जिस प्रकार कवि, चित्रकार, मूर्तिकार आदि कलाकार अपनी कृति में करते हैं। अतः अनुवाद उस रूप में कला तो नहीं हो सकता जिस रूप में काव्य, चित्र, मूर्ति आदि होते हैं। लेकिन अनुवादक के व्यक्तित्व की छाप अनुवाद पर अवश्य पड़ती है। इसी कारण एक ही मूल पाठ के दो अनुवादकों द्वारा किए गए अनुवाद प्रायः अलग-अलग होते हैं। इस प्रकार अनुवादक भी एक सीमा तक सर्जक और कलाकार है। काव्य यदि सृजन है तो अनुवाद पुनःसृजन है। केवल प्रक्रिया का अंतर है। मूल कलाकार अपने भावों को अपनी कला में (अर्थात मूल पाठ में) उतारता है जबकि अनुवादक मूल पाठ के आधार पर सृजन करता है। मूल पाठ के कथ्य को हृदयंगम कर उसे अपनी सर्जनात्मक शक्ति से लक्ष्य भाषा में ढालता और सँवारता है। इस प्रकार अनुवाद कला भी अन्य गुणों की भाँति कतिपय अनुवादकों में निहित रहती है जो एक सीमा तक सहजात होती है। यह कलात्मकता न तो प्रत्येक व्यक्ति में होती है और न ही प्रशिक्षण और अभ्यास से प्राप्त होती है। इस दृष्टि से अनुवाद को कला के रूप में माना जा सकता है।

विज्ञान किसी भी विषय का व्यवस्थित तथा विशिष्ट ज्ञान होता है। इसी अर्थ में राजनीतिविज्ञान, मानवविज्ञान, भाषाविज्ञान जैसे विषयों को विज्ञान माना जाता है। वस्तुतः किसी भी विषय से संबद्ध बातों के जितने अंश का व्यवस्थित वैज्ञानिक विवेचन किया जा सकता है, उतने अंश का वह अध्ययन विज्ञान की सीमा में आता है। उसमें विकल्प की गुंजाइश प्रायः नहीं होती या प्रायः कम ही होती है। वास्तव में अनुवाद अनुप्रायोगिक भाषाविज्ञान (Applied Linguistics) का एक क्षेत्र है जिसकी चिंतन प्रक्रिया अथवा तुलनात्मक व्यतिरेकी भाषाविज्ञान पर आधारित है। स्रोत भाषा और लक्ष्य भाषा की ध्वनि, शब्द, रूप, वाक्य, अर्थ संबंधी समानताओं और असमानताओं की खोज की जाती है और

फिर असमानताओं की समस्या सुलझाने के लिए प्रायः निश्चित नियमों के अनुसार अनुवाद किया जाता है। इस तरह अनुवाद करने की पूर्व-पीठिका जो अनुवादक के मस्तिष्क में चिंतन के रूप में होती है पूर्णतया वैज्ञानिक और व्यवस्थित प्रक्रिया है। इसी कारण मशीनी अनुवाद की प्रक्रिया संभव हो सकी है। दोनों भाषाओं के वैज्ञानिक विश्लेषण के आधार पर निश्चित किए गए वैज्ञानिक नियम ही उसे संभव बनाते हैं। अनुवाद की पृष्ठभूमि में स्थित यह सारा अध्ययन-विश्लेषण विज्ञान के ही अंतर्गत आता है। अनुवाद के इस विज्ञान-पक्ष से सुपरिचित अनुवादक उस अनुवादक की तुलना में, जो इससे परिचित नहीं है कहीं अच्छा अनुवाद कर सकता है। इस दृष्टि से अनुवाद विज्ञान भी हो सकता है।

कला तथा शिल्प में अंतर तो है किंतु वास्तविकता यह है कि शायद ही ऐसी कोई कला हो, जिसमें शिल्प की बिल्कुल अपेक्षा न हो और शायद ही ऐसा कोई शिल्प हो जिसमें कला पूर्णतः अनपेक्षित हो। कलाएँ एक प्रकार की सृजन हैं। व्यक्ति में वह प्रायः सहज अधिक होती है केवल अभ्यास या शिक्षण से कोई कलाकार नहीं बन सकता, जब तक उसमें सहज प्रतिभा न हो। काव्य, मूर्ति, चित्र आदि इसीलिए कलाएँ हैं। इसके विपरीत जिन्हें प्रायः उपयोगी कला (जैसे फर्नीचर बनाना, आभूषण बनाना) कहा गया है, शिल्प है। उन्हें अभ्यास और शिक्षण के द्वारा अर्जित किया जा सकता है। प्रायः लुहार का बेटा लुहार, सुनार का बेटा सुनार, या बढ़ई का बढ़ई हो जाता है, क्योंकि वातावरण तथा अभ्यास आदि से वह सीख जाता है, किंतु कवि का बेटा कवि हो या चित्रकार का बेटा चित्रकार हो, यह कम ही देखा जाता है, क्योंकि ये चीजें केवल वातावरण या अभ्यास से नहीं आतीं, इनमें सहज प्रतिभा भी अपेक्षित होती है। कला और शिल्प का सबसे बड़ा अंतर यह है कि कला में व्यक्ति आत्माभिव्यक्ति करता है और न ही कुछ अपवादों को छोड़कर (और वे अपवाद शिल्प न होकर कला होते हैं) उसका व्यक्तित्व ही उसमें आता है।

योग्यता, अभ्यास, वातावरण आदि से शिल्प का विकास तो होता ही है लेकिन सहज प्रतिभा की विशेष आवश्यकता नहीं। यह तो निश्चित ही है कि प्रत्येक कला के लिए प्रायः शिल्प की अपेक्षा कुछ सीमा तक होती है और शिल्प में कुछ कला की अपेक्षा रहती है। यही बात अनुवाद के संदर्भ में लागू होती है। प्रत्येक अनुवादक प्रायः एक सीमा तक कलाकार भी होता है। इसके अतिरिक्त इसका संबंध विषय से भी है। यदि मूल पाठ केवल सूचनापरक या तथ्यपरक है जिसमें सूचनाओं, तथ्यों और सूत्रों की प्रधानता है, अभिव्यक्ति का कोई विशेष महत्त्व नहीं है तो उसके अनुवाद के साथ शिल्पी कर लेगा किंतु कविता के अनुवाद

में भाव और संवेदनाएँ हैं तथा उसकी सौंदर्य-चेतना उसकी अभिव्यक्ति पर आधारित है तो उसके लिए अनुवाद कला के रूप में उभरेगा।

इस प्रकार अनुवाद कला भी है, विज्ञान भी है और शिल्प भी।

(ग) अनुवाद की प्रक्रिया

अनुवाद प्रक्रिया के तीन सोपान माने गए हैं : पहला, (स्रोत भाषा का) पाठ विश्लेषण; दूसरा, अंतरण और तीसरा, पुनर्रचना (लक्ष्य भाषा में)।

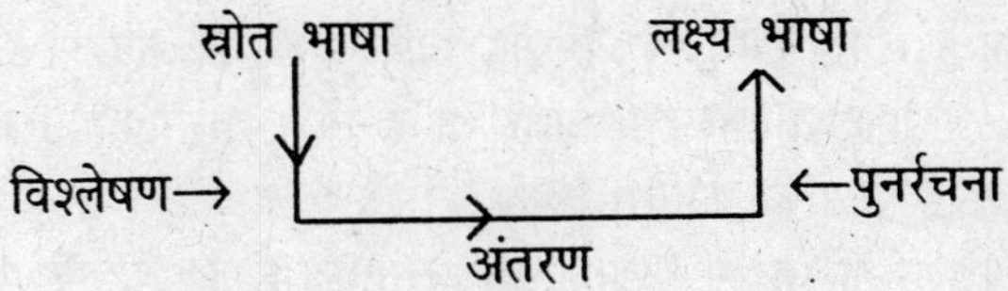

यह बात अवश्य है कि कुशल और अभ्यस्त अनुवादक इन विभिन्न सोपानों को एक ही सोपान मानता है लेकिन उसे अज्ञात मन के भीतर इन सभी सोपानों से क्रमवार गुज़रना ही पड़ता है। इन सोपानों के दौरान जो समस्याएँ आती हैं उनका विवेचन इस प्रकार है :

(1) **पाठ विश्लेषण :** अनुवादक को सबसे पहले अनुवाद के पाठ के सही अर्थ को पकड़ने की आवश्यकता रहती है। कभी-कभी अनुवाद्य के पाठ वाक्य-संरचना के स्तर पर जटिल और दुरूह होते हैं और कभी-कभी संप्रेषणीय तथ्य अनुवादक से स्वयं विषय-ज्ञान की अपेक्षा रखता है। इस सोपान से अर्थ की प्राप्ति होती है। अतः पाठ विश्लेषण को दो निश्चित संदर्भों में रखना आवश्यक है।

(क) भाषा स्तर पर विश्लेषण।

(ख) विषय वस्तु के स्तर पर विश्लेषण।

(क) **भाषा स्तर पर** वाक्य, उपवाक्य, शब्द आदि का विश्लेषण करना पड़ता है। इनको आधार-वाक्य के संयोजन के संदर्भ में देखने की जरूरत होती है। यदि संयुक्त या मिश्र वाक्य उपवाक्यों से बना है तो वाक्यों की मूल संरचना और विस्तारक संरचना पर विचार करना होगा। उदाहरण के लिए, The man, who killed the dog, was sitting on the tree. इसका विश्लेषण करते हुए अनुवादक यह देखेगा कि इस वाक्य का आधार वाक्य हैं।

(क) The man was sitting on the tree और विस्तारक वाक्य है

(ख) The man killed the dog.

इन दोनों वाक्यों में वाक्य (क) का The man वाक्य (ख) का The man

है। इसका रूपांतरण संबंधवाचक संरचना के रूप में हुआ है अर्थात् वाक्य (क) का Man वाक्य (ख) में who के रूप में प्रस्तुत हुआ है। इस प्रकार वाक्य (ख) वाक्य (क) का विशेषण उपवाक्य है जो मूल वाक्य के बीच में निहित है। दूसरा, इसी आधार पर यह भी पता चलता है कि tree पर Dog नहीं है बल्कि tree पर Man है। इसमें वाक्य तो एक है लेकिन विस्तारक वाक्य दो हैं। इस आधार पर वाक्य की मूल संरचना से अर्थ स्पष्ट हो जाता है कि कुत्ते को मारनेवाला व्यक्ति पड़े पर बैठा हुआ है।

दूसरा उदाहरण है :

(1) मोहन ने गिलास तोड़ दिया।

(2) मोहन से गिलास टूट गया।

उपर्युक्त दोनों वाक्यों में गिलास के टूटने का भाव मिलता है किंतु वाक्य (1) में मोहन में कर्तृत्व का अर्थ उजागर होकर निकलता है और इसमें मोहन की सक्रियता दिखाई देती है। वाक्य (2) में कर्म 'गिलास' तो स्पष्ट है, किंतु मोहन की सक्रिय भागीदारी का संकेत नहीं मिलता। अंतः वाक्य (1) में 'मोहन ने जानबूझकर या सोच-समझकर या आक्रोश में या किसी अन्य कारण से गिलास को तोड़ने का काम स्वयं किया है' का भाव आता है, जबकि वाक्य (2) में 'मोहन ने जानबूझकर गिलास नहीं तोड़ा है' बल्कि 'उससे अनजाने में या अचानक हाथ से छूट जाने के कारण गिलास टूट गया' का अर्थ स्पष्ट होता है।

वाक्य संरचना या विषय वस्तु को केवल समझने से बात नहीं बनती। बल्कि पाठ में जो अर्थ निहित रहता है उसकी प्राप्ति की भी अपेक्षा रहती है। दूसरे शब्दों में, वाक्य का विश्लेषण करने से पूर्ण अर्थ का बोध नहीं हो पाता। इसीलिए वाक्यों के संयोजन से पूर्ण अर्थ की प्राप्ति होती है। हर भाषा की कुछ संरचनाएँ अनेकार्थी या संदिग्धार्थी होती हैं। इनके अर्थ को यदि निर्धारित करना है तो **वाक्योपरि संरचना** अर्थात् वाक्य से ऊपर की संरचना पर ध्यान देना होगा। अर्थात् प्रोक्ति के धरातल पर जाना होगा। यहीं प्रसंग या संदर्भ की भी जरूरत रहती है। उदाहरण के लिए, शब्द के धरातल पर 'उसे सोना महँगा पड़ा' में 'सोना' का अर्थ 'निद्रा' भी है और 'स्वर्ण' भी। वाक्य के स्तर पर 'राम ने दौड़ते हुए कुत्ते को मारा' वाक्य के दो अर्थ हो सकते हैं—(1) राम ने कुत्ते को मारा, कुत्ता दौड़ रहा था। (2) राम ने कुत्ते को मारा, राम दौड़ रहा था। इसी प्रकार 'यह राम की तस्वीर है' वाक्य के तीन अर्थ हो सकते हैं—(i) राम का तस्वीर का स्वामी या खरीददार होना (ii) तस्वीर का चित्रकार होना और (iii) उसकी अपनी फोटो होना। ऐसे वाक्यों का अनुवाद करते समय एक वाक्य से अर्थ स्पष्ट नहीं

होगा, प्रसंग या संदर्भ समझने की जरूरत रहती है। इसके लिए ऐसे वाक्य के पहले या बाद के वाक्यों को भी देखना होगा। तभी अर्थग्रहण संभव होगा।

(ख) **विषयवस्तु के स्तर पर :** आदर्श स्थिति वह है कि जिस विषय से पाठ संबद्ध हो उसका अनुवादक को कुछ सीमा तक विशेषज्ञ भी होना चाहिए। दूसरे शब्दों में, उसे विधि, रसायन, भौतिकी, विज्ञान आदि विषयों की जानकारी भी होनी चाहिए। यह तो सभी जानते हैं कि विज्ञान की भाषा व्यवहार की दृष्टि से सीमित और निश्चित अर्थतंत्र लिए होती है, जबकि साहित्य की भाषा व्यापक और असीम अर्थतंत्र लिए होती है। इन दोनों के भेद को जानना अनुवादक के लिए बहुत जरूरी है। उदाहरण के लिए, अंग्रेज़ी का 'कम्युनिकेशन' शब्द साहित्यिक भाषा में अभिव्यंजना, संलाप, संदेश, संप्रेषण, प्रभाव, संचार, बात पहुँचाना आदि विभिन्न अर्थों में प्रयुक्त होता है जबकि वैज्ञानिक भाषा में संप्रेषण और संचार के अर्थ में प्रयुक्त होता है। इसी प्रकार अंग्रेजी के Right, Privilege, Prerogative शब्द सामान्य भाषा में एक ही अर्थ में प्रयुक्त होते हैं जबकि विधि या संविधान की भाषा में इन तीनों के अलग-अलग निश्चित अर्थ हैं और ये शब्द अलग-अलग संदर्भों में भी प्रयुक्त होते हैं—अधिकार, विशेषाधिकार, परमाधिकार।

(2) **अंतरण :** दो भाषाओं की अर्थगत संरचना की अभिव्यक्तियाँ अंतरण के क्षेत्र में एक-दूसरे से टकराती हैं। हर भाषा की अपनी संरचना होती है और अपना भाव-जगत होता है। उन्हें एक-दूसरे की शाब्दिक संरचनाओं से बाँधना कठिन होता है। उनका अपना अर्थ संसार होता है। अनुवाद करते समय कुछ सूचनाओं का ह्रास हो जाता है और कुछ में अतिरिक्त योगदान हो जाता है। उदाहरण के लिए, यदि हिंदी के 'चाचा' शब्द का अनुवाद अंग्रेजी में Uncle किया जाए तो इसमें चाचा, मामा, फूफा, मौसा, ताऊ का अतिरिक्त योग रहता है। इसी प्रकार ती भाषा में 'स्पुतनिक' शब्द के कई अर्थ हैं; जैसे—सहयात्री, गृह, साथी और कृत्रिम उपग्रह। 1957 में रूस ने जब अपना उपग्रह चाँद की ओर उड़ाया था तो वह केवल एक निश्चित अर्थ के रूप में अन्य भाषाओं में अनूदित होने लगा है। इसी प्रकार दोनों भाषाओं में सांस्कृतिक और सामाजिक भेदों को देखना होता है। कर्म, गंगाजल, संस्कार जैसे शब्दों के समतुल्य लक्ष्य भाषा में उपलब्ध करना दुष्कर है। न केवल यही, शब्द-समूह के अर्थ का अंतरण करते हुए उनके संयोजन से उत्पन्न अर्थ को भी देखने की आवश्यकता रहती है। जैसे—Acid test (अग्नि परीक्षा), Environmental handicaps (परिवेशजन्य सीमाएँ), Demand loan (अविलंब ऋण)।

इस समस्या को समतुल्यता के आधार पर देखा जा सकता है। यह समतुल्यता

अर्थ और अभिव्यक्ति के धरातल पर होगा अर्थात् वाक्य संरचना, पदबंध संरचना, शब्द संयोजन, ध्वनि संयोजन आदि भाषापरक समतुल्यता के साथ-साथ भावपरक समतुल्यता (भावों की समानता), शैलीपरक समतुल्यता (शैलियों में समानता) और पाठपरक समतुल्यता (सर्जनात्मक और साहित्यिक समानता) के आधार पर अर्थ का अंतरण होता है।

इस प्रकार अनुवाद में अंतरण एक ऐसी प्रक्रिया है जिसमें स्रोत भाषा रूपी डिब्बे में संयोजित सामग्री को लक्ष्य भाषा रूपी डिब्बे में ऐसे संयोजित करना है जिससे उसमें मूल कथ्य पूर्ण रूप से आ सके। इसी में विषय के अनुसार जहाँ कथ्य पर बल देने की आवश्यकता होती है वहाँ कथ्य पर भी ध्यान दिया जाता है।

(3) **पुनर्रचना** : लक्ष्य भाषा के नियमों में संदेश को पुनः व्यवस्थित करना होता है। इस प्रक्रिया के फलस्वरूप मूल पाठ तथा अनूदित पाठ के बीच समतुल्यता का संबंध स्थापित होता है। किंतु यह समतुल्यता मात्र रूपात्मक नहीं होती संदर्भपरक भी होती है। दूसरे शब्दों में, स्रोत भाषा और लक्ष्य भाषा के विभिन्न व्याकरणिक पैटर्नों, पूर्ण अर्थों और प्रकार्यों का शब्द के एक-दूसरे के अनुरूप होना न होना उतना महत्त्वपूर्ण नहीं है जितना संदर्भपरक। स्रोत भाषा के अर्थ के लिए लक्ष्य भाषा में समतुल्य अर्थ का चयन करते समय शब्द या वाक्य की सीमा से ऊपर उठकर पाठ के स्तर पर भी जाना पड़ता है। घटकों के व्याकरणिक संबंध, उनके संदर्भपरक अर्थ और इन दोनों के लक्ष्यार्थ मूल्यों पर ध्यान देना ही पुनर्रचना अथवा पुनर्गठन है। इस प्रकार यह लक्ष्य भाषा की भाषिक व्यवस्था और शैली के अनुसार होती है जिससे वह लक्ष्य भाषा की मूल कृति होती है।

(घ) अनुवाद में भाषिक स्तर

प्रत्येक भाषा विशिष्ट परिवेश में पनपती है। अतः उसकी अपनी अनेक विशेषताएँ होती हैं। इन विशेषताओं का विश्लेषण ध्वन्यात्मक, रूपात्मक, कोशगत, वाक्यात्मक आदि स्तरों पर किया जाता है। ये भाषायी स्तर अनुवाद में काफ़ी उपयोगी सिद्ध होते हैं।

ध्वन्यात्मक स्तर : मूल सामग्री में कुछ ऐसे शब्द होते हैं जिनका अनुवाद नहीं हो सकता। उनका या तो अन्य भाषा की लिपि में लिप्यंतरण या लिप्यंकन किया जाता है और या तो उन्हें ज्यों-का-त्यों रखा जा सकता है या थोड़े बहुत ध्वन्यात्मक परिवर्तन के साथ लक्ष्य भाषा में रख दिया जाता है। जैसे–

(1) देवनागरी–कृष्ण
रोमन लिप्यंतरण–Krishna
रोमन लिप्यंकन–KrIṣṇa

इसी प्रकार Aristotle–अरस्तू, Socrates–सुकरात, America–अमरीका या अमेरिका, आदि शब्दों की ध्वनियों का देशीकरण किया जाता है।

रूपात्मक स्तर : इसमें उपसर्ग, प्रत्यय, लिंग, वचन आदि का ध्यान रखा जाता है। उदाहरण के लिए–उपमंत्री, उपराष्ट्रपति, उपनियम में हिंदी उपसर्ग 'उप' है, जबकि अंग्रेजी में Deputy, Vice और Sub उपसर्ग हैं। इसी प्रकार Nationalization, Ionization, Registration आदि शब्दों के लिए राष्ट्रीयकरण, आयनीकरण, पंजीकरण आदि शब्द हैं जिनमें 'tion' के लिए हिंदी प्रत्यय 'करण' का प्रायः प्रयोग किया जाता है। इसी प्रकार Infiteration के लिए 'घुसपैठ' शब्द है तो Infiltrator के लिए 'घुसपैठिया' शब्द बनाया गया है। एक अन्य उदाहरण बड़ा, बड़ी, बड़े आदि हिंदी विशेषणों में भी लिंग और वचन के आधार पर पुल्लिग-स्त्रीलिंग और एकवचन-बहुवचन होते हैं जबकि अंग्रेज़ी विशेषण 'big' मात्र से (लिंग और वचन दोनों में कोई परिवर्तन नहीं होता)।

वाक्यात्मक स्तर : इसमें दोनों भाषाओं की वाक्य-संरचना पर ध्यान दिया जाता है। हिंदी की प्रकृति में प्रायः (कर्ता + कर्म + क्रिया) का नियम है और अंग्रेज़ी में (कर्ता + क्रिया+ कर्म) का है। अतः अनुवाद में 'कर्ता + क्रिया + कर्म' और 'कर्ता + कर्म + क्रिया' के नियमों को देखना होगा। उदाहरण के लिए, Rama beats Mohan का हिंदी रूपांतरण होगा 'राम मोहन को पीटता है'। इन दोनों वाक्यों में हिन्दी की संरचना में क्रिया अंत में आती है जबकि अंग्रेज़ी की संरचना में क्रिया बीच में आती है। हिन्दी में मोहन के साथ 'को' परसर्ग लगा है जबकि अंग्रेज़ी में ऐसा नहीं है।

अन्विति की दृष्टि से भी शब्दों के सहप्रयोग पर ध्यान देने की आवश्यकता रहती है। दूसरे शब्दों में, संज्ञा, क्रिया विशेषण के साथ लगने वाली कौन-सी क्रिया या संज्ञा आदि उपयुक्त होंगे। जैसे, To play the Violen (वायलन बजाना), To feel the pulse (नब्ज़ देखना), To consult the dictionary (कोश देखना)। अंग्रेज़ी की प्रकृति अप्रत्यक्ष कथन (Indirect speech) की है किंतु हिंदी में अप्रत्यक्ष कथन नहीं होता। जैसे–Mohan said that he was going to Delhi. अंग्रेजी में इस अप्रत्यक्ष कथन का हिंदी रूप होगा–मोहन ने कहा कि मैं दिल्ली जा रहा हूँ।

वाक्य की बाह्य और आंतरिक संरचना होती है। इसका अभिप्राय यह है कि एक वाक्य के भीतर कई अर्थ निकलते हैं और एक अर्थ को कई वाक्यों में दिया जा सकता है। अनुवाद करते समय इन बातों पर ध्यान देना आवश्यक है। जैसे, (क) यह राम की तस्वीर है, (ख) राम ने दौड़ते हुए कुत्ते को मारा, आदि वाक्यों में आंतरिक संरचना के धरातल पर दो या तीन अर्थ निकलते हैं।

इसके अतिरिक्त वाक्यों का अनुवाद करते समय सामाजिक और सांस्कृतिक मूल्यों पर भी ध्यान देने की आवश्यकता रहती है। उदाहरण के लिए, (क) My father has gone to Chennai–'मेरे पिता जी चेन्नै गए हैं', (ख) My servant has gone to Chennai–'मेरा नौकर चेन्नै गया है' वाक्यों में सामाजिक मूल्यों की प्रतीति होती है।

कोशगत स्तर : स्रोत भाषा के भावों या विचारों को सफलतापूर्वक और सटीक रूप में लक्ष्य भाषा में व्यक्त करने के लिए लक्ष्य भाषा के शब्द भंडार को वर्गीकृत करके अपने लिए शब्दों का चयन करना पड़ता है। इसीलिए परिस्थिति, उद्देश्य तथा पात्र के आधार पर भाषा होती है। गांधी जी या नेहरू की भाषा बोलचाल में, उपन्यास, कहानी आदि की भाषा पात्रों के अनुसार अपेक्षित है। उदाहरण के लिए, (क) मेरी वाइफ़ को फीवर है, (ख) मेरी पत्नी ज्वरग्रस्त है और (ग) मेरी बीवी की तबीयत नासाज़ है वाक्य क्रमशः अंग्रेजी से, संस्कृत से और उर्दू से प्रभावित हैं। इसी प्रकार संज्ञा और विशेषणों का प्रयोग संस्कृति या संदर्भ के अनुकूल होंगे। उदाहरण के लिए, Princess Sita और Princess Jahanara के लिए क्रमशः 'राजकुमारी सीता' और 'शहज़ादी जहाँआरा' हिंदी अभिव्यक्तियाँ उपयुक्त हैं। प्रणाम या नमस्कार और आदाब अर्ज के समतुल्य अन्य भाषा की संस्कृति और परिस्थिति के अनुकूल होंगे।

स्रोत भाषा की सामग्री किस स्थान या देश या काल में लिखी गई है या कही गई है, इस पर ध्यान देने की आवश्यकता रहती है। अमरीकी अंग्रेज़ी में बिल और समस्या के लिए क्रमशः Cheque और Issue शब्द होते हैं जबकि ब्रिटिश अंग्रेजी में बिल और मामले (या संतान) के लिए प्रयुक्त होते हैं। इसके अतिरिक्त अमरीकी अंग्रेज़ी में Corn शब्द 'मक्का' के लिए प्रयुक्त होता है और ब्रिटिश या भारतीय अंग्रेजी में 'अनाज' का अर्थ देता है। मध्यकाल में 'हरिजन' शब्द भक्त के लिए प्रयुक्त होता था लेकिन आज अनुसूचित जाति के व्यक्ति के लिए इस्तेमाल होता है। इसी प्रकार संदर्भ और विषय के अनुसार भी अर्थ परिवर्तन होता है। जैसे, Tie (रेलवे की एक सामग्री, गले में बांधने का एक वस्त्र), Credit (साख, ऋण, श्रेय, जमा), Worker (मजदूर, कामगार, कार्यकर्ता, कर्मचारी)। इस प्रकार अनुवादक के लिए इन समस्याओं की ओर सतर्क रहना अपेक्षित है।

(ङ) अनुवाद के प्रकार

अनुवाद के मुख्य रूप से तीन प्रकार माने गए हैं : (1) शब्दानुवाद (2) भावानुवाद

और (3) छायानुवाद। इसके अतिरिक्त अनुवाद के अन्य भेद भी मिलते हैं—सारानुवाद, व्याख्यानुवाद और आशु अनुवाद। इन सबका संक्षिप्त विवरण इस प्रकार है :

(1) **शब्दानुवाद :** इस अनुवाद में मूल के प्रत्येक शब्द पर ध्यान दिया जाता है। यह अनुवाद तीन रूपों में मिलता है जिसमें एक निकृष्ट कोटि का है और दूसरा आदर्श कोटि का।

(क) इस शब्दानुवाद में स्रोत भाषा के हर शब्द का अनुवाद लक्ष्य भाषा में भी प्रायः उसी क्रम में किया जाता है जिस क्रम में वह स्रोत भाषा में होता है। उदाहरण के लिए, He is going home का अनुवाद 'वह है जा रहा घर'। यह अनुवाद का निकृष्टतम रूप है और कभी-कभी यह बोधगम्य भी नहीं हो पाता क्योंकि हर भाषा का अपना शब्दक्रम होता है।

इस अनुवाद के दूसरे प्रकार में शब्दक्रम आदि को स्रोत भाषा के शब्दक्रम के अनुसार तो नहीं रखा जाता लेकिन मूल सामग्री के प्रत्येक शब्द पर ध्यान दिया जाता है। चाहे वह अपनी भाषा की प्रकृति के अनुसार न हो। उदाहरण के लिए, 1. Make the bed 'बिस्तर बना दो', 2. It sounds paradoxical का 'यह विरोधाभास सुनाई पड़ता है।' आदि अनुवाद गलत और निकृष्ट हैं। यद्यपि यह अनुवाद बोधगम्य तो हैं लेकिन लक्ष्य भाषा की प्रकृति और संरचना के अनुसार नहीं हैं। इसी शब्दानुवाद के अंतर्गत कुछ अन्य उदाहरण दिए जा रहे हैं जो अशुद्ध और हास्यास्पद हैं। जैसे : 1. 'मेरा सिर चक्कर खा रहा है' My head is eating circles, 2. 'वह पानी-पानी हो गया' He became water and water।

(ख) **आदर्श कोटि के शब्दानुवाद** में मूल के प्रत्येक शब्द, वाक्य, उपवाक्य आदि को लक्ष्य भाषा के पर्यायवाची शब्द के आधार पर अनुवाद किया जाता है। इसमें किसी भी शब्द या वाक्य की उपेक्षा नहीं की जाती। यह अनुवाद वस्तुतः तथ्यात्मक साहित्य में प्रयुक्त होता है। जैसे—विज्ञान, विधि, गणित, तकनीकी, इंजीनियरी साहित्य। इस प्रकार के साहित्य में हर शब्द और वाक्य का अपना महत्त्व होता है और उसका एक निश्चित अर्थ होता है। उदाहरण के लिए—The Draft may be put up alongwith relevant papers का अनुवाद 'संगत कागज-पत्रों के साथ मसौदा प्रस्तुत किया जाए।' इस प्रकार का शब्दानुवाद आदर्श अनुवाद कहलाएगा।

(2) **भावानुवाद :** इस अनुवाद में मूलकृति के शब्द, वाक्य-रचना आदि पर ध्यान न देकर उसके भाव, अर्थ या विचार पर ध्यान दिया जाता है। शब्दानुवाद में अनुवादक का ध्यान मूल सामग्री की भाषा पर होता है तो इसमें मूल भाव

पर। वास्तव में 'सेंस फ़ार सेंस' ही भावानुवाद है। भावानुवाद कभी पूरे वाक्य का, कभी उपवाक्य का, कभी पैराग्राफ का और कभी शब्द का होता है। यदि मूल सामग्री में सूक्ष्म भाव निहित हों तो उसका भावानुवाद करना पड़ता है। यदि मूल सामग्री तथ्यात्मक, वैज्ञानिक या तकनीकी होती है तो शब्दानुवाद की जरूरत पड़ती है। कभी-कभी ऐसी स्थिति भी आ जाती है कि पाठ का शब्दानुवाद नहीं हो सकता तो भावानुवाद के सहारे अर्थ-बोध कराया जाता है। भावान्वाद में स्रोत भाषा की अभिव्यक्तियों की गंध लक्ष्य भाषा में नहीं आ पाती। इस प्रकार का अनुवाद मूल का यंत्रवत अनुसरण नहीं रह जाता वरन् उसमें मौलिक रचना जैसा सहज प्रभाव आ जाता है। इसमें अनुवाद की सर्जनात्मक शक्ति कार्य करती है और उसकी अपनी शैली भी प्रायः आ जाती है। उदाहरण के लिए;

It is raining cats and dogs का हिंदी रूपांतर होगा 'मूसलाधार वर्षा हो रही है।'

(3) छायानुवाद : मूलकृति पढ़ने के बाद अनुवादक ने जो समझा है या जो अनुभव किया है या उसकी जो छाप उसके मन पर पड़ी है उसकी प्रतिक्रिया में वह लक्ष्य भाषा में उसे रूपांतरण करता है वही छायानुवाद है। इसमें अनुवादक को पूरी छूट होती है कि वह एक मुख्य भाव को लेकर कार्य करे। इस प्रकार छायानुवाद वह है जब किसी मूलकृति का अनुवाद स्वतंत्र रूप से किया जाए और उसमें मूलकृति की छाया दिखाई दे। यह एक प्रकार का रूपांतरण है। इसमें प्रायः नाम, स्थान, वातावरण आदि का देशीकरण भी किया जा सकता है। शेक्सपियर के नाटक 'मर्चेंट ऑफ़ वीनिस' का छायानुवाद शब्दानुवाद की तरह मूलकृति के शब्दों का अनुसरण नहीं करता और भावानुवाद से आगे बढ़कर मूलकृति से बँधे बिना उसकी छाया लेकर चलता है। उदाहरण के लिए; 'मर्चेंट आफ़ वीनिस' नाटक में 'वीनिस' नगर का नाम 'वंशपुर' रखा गया और एंटोनियो, बसोनियो, पोर्शिया, शाइलाक पात्रों के नाम क्रमशः अनंत, बसंत, पुरश्री, शैलाक्ष आदि रखे गए।

(4) सारानुवाद : इस अनुवाद में मूलकृति की मुख्य बातों को लेकर मुक्त रूप से अनुवाद किया जाता है। यह संक्षिप्त, अति संक्षिप्त या अत्यंत संक्षिप्त कई प्रकार का हो सकता है। इसमें संक्षिप्तता, सरलता और स्पष्टता की अपेक्षा रहती है। इसके अतिरिक्त लक्ष्य भाषा के स्वाभाविक एवं सहज प्रवाह के कारण यह अनुवाद अधिक व्यावहारिक और उपयोगी होता है। भारत की लोकसभा और राज्यसभा में संसद-सदस्यों द्वारा किए जाने वाले वाद-विवाद का जो अनुवाद होता है वह लगभग सारानुवाद ही होता है।

(5) व्याख्यानुवाद : इसमें मूलकृति का अनुवाद करते हुए मुख्य विषयों की व्याख्या भी होती है। कुछ महत्त्वपूर्ण अंशों के स्पष्टीकरण के लिए अनुवादक कुछ अतिरिक्त उदाहरण, उद्धरण, प्रमाण आदि जोड़ता है। इसमें अनुवादक केवल अनुवादक न रहकर व्याख्याकार भी होता है। इसमें मूलकृति की बातें स्पष्ट होने लगती हैं। लोकमान्य तिलक ने गीता का जो अनुवाद किया है वह व्याख्यानुवाद है।

(6) आशु अनुवाद : जब दो भिन्न भाषा-भाषी-व्यक्ति बात करते हैं तो उनके बीच सहायता के लिए जो अनुवाद का कार्य करता है उसे आशु अनुवादक या दुभाषिया कहते हैं। यह अनुवाद वहाँ भी होता है जहाँ भिन्न भाषाभाषी वक्ता दूसरी भाषा बोलने वाले लोगों के समक्ष भाषण कर रहा हो। इस आशु-अनुवाद में दुभाषिया या आशु अनुवादक को अन्य अनुवादकों की तरह इतना अवकाश नहीं होता कि वह देर तक सोच सके अथवा अपेक्षित कोश आदि देख सके। इसमें यह जरूरी नहीं कि वह सुंदर एवं सटीक हो बल्कि यह अपेक्षा की जाती है कि वह उस समय काम चला सके। आशु अनुवादक में अनुवादक से अधिक अनुभव और ज्ञान की अपेक्षा की जाती है। इस प्रकार के अनुवाद की व्यवस्था लोकसभा, राज्यसभा, राष्ट्रीय एवं अंतर्राष्ट्रीय संगोष्ठियों या मंचों में होती है।

(च) मुहावरों और लोकोक्तियों का अनुवाद

मुहावरे तथा लोकोक्तियाँ प्रत्येक भाषा की प्रभावशाली तथा व्यंजक अभिव्यक्तियाँ होती हैं। अतः अनुवाद करते समय स्रोत भाषा के मुहावरों या लोकोक्तियों को यथासंभव उसी अर्थ में और उसी रूप में लक्ष्य भाषा में दिया जाना चाहिए, अर्थात् शब्द एवं अर्थ दोनों दृष्टियों से समान मुहावरे की खोज की जानी चाहिए। यदि लक्ष्य भाषा में समान मुहावरे न मिल पाएँ तो समान भाव वाले मुहावरों को लिया जाना चाहिए। यदि यह दोनों ही न मिलें तो स्रोत भाषा के मुहावरे का शाब्दिक अनुवाद लक्ष्य भाषा में हो सकता है। किंतु इसमें यह ध्यान देना आवश्यक है कि स्रोत भाषा के मुहावरे का मूल अर्थ या भाव लक्ष्य भाषा में भी उसी प्रकार व्यक्त होना चाहिए जिस प्रकार वह स्रोत भाषा में व्यक्त होता है। इसके अतिरिक्त उससे उत्पन्न होने वाली प्रभावशीलता और व्यंजकता का भी ध्यान रखना अपेक्षित है। वास्तव में अनुवाद एक सर्जनात्मक प्रक्रिया है और यदि मुहावरे का अनुवाद मुहावरे में न कर सीधे शब्दों में किया जाए तो उसकी सर्जनात्मकता को आघात पहुँचता है। मुहावरे में अर्थ की गहराई और ध्वन्यात्मकता सामान्य अभिव्यक्ति से अधिक होती है। इसलिए मुहावरे का अनुवाद व्यंजक, अर्थपूर्ण, सटीक और लक्ष्य भाषा की प्रवृत्ति एवं प्रकृति के अनुकूल होना उचित है।

मुहावरे एवं लोकोक्तियों का अनुवाद प्रायः तीन रूपों में देखा गया है :

(क) कुछ मुहावरों का अनुवाद मुहावरों के रूप में ज्यों का त्यों किया जाता है या हो जाता है।

To be caught red handed	रंगे हाथों पकड़े जाना।
To throw mud	कीचड़ उछालना।
Child's play	बच्चों का खेल।
Crocodile's tears	मगरमच्छी आँसू।
As you sow so shall you reap	जैसा बोओगे वैसा काटोगे।

(ख) लक्ष्य भाषा के कुछ मुहावरे के भाव स्रोत भाषा के मुहावरों के भाव के समान मिल जाते हैं।

To add fuel to flame	आग में घी डालना।
A drop in the ocean	ऊँट के मुँह में जीरा।
To cast in the same mould	एक ही थैले के चट्टे-बट्टे होना।
Killing two birds with one stone	एक पंथ दो काज।
A wilful man will have his way	जहाँ चाह वहाँ राह

(ग) कुछ मुहावरों या लोकोक्तियों का अनुवाद भावार्थ में ही किया जाता है।

अंग्रेजी से हिंदी

To beat about the bush	विषय से हटकर बोलना।
To beat black and blue	मारते-मारते नील डाल देना या बुरी तरह मारना
To go to the dog	बर्बाद हो जाना

हिंदी से अंग्रेजी

गधे को बाप बनाना	To Flatter a fool for expediency.
दाँत खट्टे करना	To give a tough fight.
आँखें बिछाना	To give a very cordial welcome.

अंग्रेज़ी मुहावरों और लोकोक्तियों के हिंदी रूपांतर

All that glitters is not gold	पीला-पीला सभी सोना नहीं होता।

An ass in lion's skin	शेर की खाल में गधा
A bad carpenter querrels with his tools.	नाच न जाने आँगन टेढ़ा
Barkers are no biters	जो गरजते हैं, बरसते नहीं
To die in harness	काम करते-करते मरना
To get into hotwater	मुश्किल में पड़ना
To have a foul mouth	बदज़बान होना
To laugh off	हँसी में उड़ा देना
To make mountains out of mobehills	राई का पहाड़ बनाना
To play into the hand of	किसी के हाथ की कठपुतली बनना

हिंदी मुहावरों और लोकोक्तियों के अंग्रेज़ी रूपांतर

चार दिन की चाँदनी फिर अँधेरी रात	A nine days' wonder
आकाश से गिरा खजूर पर अटका	Out of the frying pan into the fire
इधर का उधर होना	To turn topsyturvy
ईद का चाँद होना	To be seen once in a blue moon.
उँगली पकड़कर पहुँचा पकड़ना	Give him an inch and he would take an ell.
ऊँचे बोल का मुँह नीचा	Pride hath a fall
एक ही थैली के चट्टे बट्टे	Chips of the same block
ओस चाटे प्यास नहीं बुझती	Dewdrops cannot quench one's thirst
करत करत अभ्यास के जड़मति होत सुजान	Practice makes a man perfect
जान की बाज़ी लगाना	To risk one's life.

(छ) अनुवादक के गुण

अनुवादक की स्थिति बड़ी पेचीदा होती है। चूँकि हर भाषा की भावानुभूति या पकड़ अलग-अलग होती है इसलिए उसमें अनुवादक को सतर्क रहना पड़ता है।

वह न केवल दो भाषाओं का दूत होता है। वरन् दो जनतांओं और संस्कृतियों का भी दूत होता है। उसके लिए निम्नलिखित गुणों का होना आवश्यक है :

(1) स्रोत भाषा का अच्छा ज्ञान।

(2) लक्ष्य भाषा का पूर्ण ज्ञान।

(3) विषय का ज्ञान

अनुवादक का पहला गुण है **उसको स्रोत भाषा का ज्ञानं होना**। स्रोत भाषा का ज्ञान भी कई प्रकार का हो सकता है। यदि स्रोत भाषा में कोई पुस्तक सूचना परक साहित्य की हो तो वहाँ स्रोत भाषा के सामान्य ज्ञान से काम चल सकता है। किंतु यदि वह कोई साहित्यिक कृति हो और उसमें आंचलिकता का पुट भी है, तो उसमें भाषा का सूक्ष्म ज्ञान होना आवश्यक है। किंतु इसका यह अभिप्राय नहीं है कि अनुवादक को स्रोत भाषा का सामान्य ज्ञान हो। उसे मूल सामग्री के स्तर का भी ज्ञान होना चाहिए जिसे पढ़कर अच्छी तरह समझने या रसास्वादन करने वाले मूल भाषा-भाषी को होता है। ज्ञान उस स्तर से जितना ही कम होगा, उतनी ही त्रुटि होने की संभावना बनी रहेगी।

अनुवादक का दूसरा गुण है **लक्ष्य भाषा का विषय के अनुरूप समुचित ज्ञान**। उसे लक्ष्य भाषा की अच्छी पकड़ होनी चाहिए। यह ज्ञान भी जितना कम होगा, अनुवाद के उतने ही त्रुटिपूर्ण होने की संभावना रहेगी।

अनुवादक का तीसरा गुण है **विषय का ज्ञान**। विषय के ठीक ज्ञान न होने के कारण अनुवाद में अर्थ का अनर्थ हो जाता है। वास्तव में यह ज्ञान कम-से-कम उस स्तर का तो होना चाहिए जिस स्तर की अनूद्य सामग्री हो।

यह तो आदर्श स्थिति है। कई बार ऐसा भी होता है कि अनुवादक इन तीनों में किसी एक या कभी-कभी दो से पूरी तरह परिचित नहीं होता। ऐसी स्थिति में ऐसे एक व्यक्ति या दो व्यक्तियों की सहायता ली जा सकती है जिन्हें इनकी अच्छी जानकारी हो। यहीं मूल सामग्री को समझने या अनुवाद को विषय की दृष्टि से भली भाँति देखने या अनुवाद की अभिव्यक्ति का पुनरीक्षण करने की आवश्यकता होती है। प्रायः ऐसा होता है कि लक्ष्य भाषा का ठीक जानकार विषय से परिचित नहीं होता, और दूसरी ओर विषय के ठीक जानकार की लक्ष्य भाषा में अपेक्षित गति नहीं होती। ऐसी स्थिति में अनुवाद को किसी भाषाविद् विषय विशेषज्ञ अथवा दोनों के पास पुनरीक्षण के लिए भेजा जा सकता है।

अनुवाद व्यवहार

निम्नलिखित अंग्रेज़ी वाक्यों का हिंदी अनुवाद

अंग्रेज़ी वाक्य

1. I liked your poem very much.
2. He caught the thief while he was running.
3. The lion was killed by John.
4. He has a car.
5. He has a daughter.
6. He has courage.
7. There is a snake in the room.
8. There is the snake in the room.
9. I Shall get my hundred rupee note changed.
10. I had my house white washed.
11. She lifted her son.
12. I am not able to walk.
13. Mohan is stronger than Raju.
14. The result of the examination will be declared soon.
15. The letter is under issue.
16. The glass fell down and broke into pieces.
17. The soldiers fought gallantly and died like heroes.
18. You did not write letters and words correctly.
19. Poverty is a great curse and slavery is the greatest humiliation.

20. The economic progress will depend on national saving.
21. Run fast otherwise you will be late.
22. Neither did he send any letter nor informed me by telegram.
23. The servants may be watering the garden.
24. The leaves had fallen from the trees.
25. I made the students to count upto hundred.

हिंदी अनुवाद

1. मुझे आपकी कविता बहुत पसंद आई।
2. उसने भागते हुए चोर को पकड़ा।
3. जॉन ने शेर को मार दिया।
4. उसके पास कार है।
5. उसके एक बेटी है।
6. उसमें साहस है।
7. कमरे में साँप है।
8. साँप कमरे में है।
9. मैं अपना सौ रुपए का नोट बदलवाऊँगा।
10. मैंने अपने घर की सफ़ेदी कराई।
11. उसने अपने बेटे को उठाया।
12. मुझसे चला नहीं जाता।
13. मोहन राजू से मजबूत है।
14. परीक्षा परिणाम शीघ्र ही घोषित होगा।
15. पत्र जारी किया जा रहा है।
16. गिलास गिर गया और टूट कर टुकड़े-टुकड़े हो गया।
17. सिपाही बहादुरी से लड़े और वीरों की तरह शहीद हुए।
18. तुमने अक्षर और शब्द सही नहीं लिखे।
19. गरीबी बड़ा अभिशाप है और पराधीनता सबसे बड़ा अपमान है।
20. आर्थिक प्रगति राष्ट्रीय बचत पर निर्भर होगी।
21. जल्दी दौड़ो अन्यथा तुम्हें देर हो जाएगी।
22. उसने न तो कोई पत्र भेजा और न ही तार से सूचना दी।
23. नौकर बाग में पानी दे रहे होंगे।

24. पेड़ों से पत्ते गिर गए थे।
25. मैंने बच्चों से सौ तक गिनवाया।

हिंदी वाक्य

1. मुझे इसकी सच्चाई में संदेह है।
2. मेरे दो पुत्र हैं।
3. मेरे पास एक कुत्ता है।
4. मैंने वह घर छोड़ दिया।
5. मुझे संदेह है कि वह इसको स्वीकार करेगा।
6. कश्मीर में निरपराध लोगों की हत्याओं की निंदा की जानी चाहिए।
7. इससे मुझे आश्चर्य भी हुआ और सुख भी।
8. डॉक्टर ने रोगी का संतोषजनक उपचार नहीं किया।
9. शोधकर्ता ने विषय का प्रतिपादन संतोषजनक ढंग से नहीं किया।
10. बैंकों की ब्याज दरें बहुत कम हैं।
11. उसकी क्रिकेट में रुचि नहीं है।
12. स्वच्छ पत्र हस्ताक्षर के लिए प्रस्तुत है।
13. निर्धन मनुष्य इस संसार में क्या कर सकता है?
14. कोई-कोई जरा-सी बात पर भी बिगड़ जाते हैं।
15. उसकी दशा कुछ की कुछ हो गई।
16. जो पुस्तकें नहीं मिलीं वे मैंने नहीं खरीदीं।
17. विद्या धन से उत्कृष्ट है।
18. उसको यह कहने का अधिकार नहीं है।
19. नदियों में गंगा पवित्र मानी जाती है।
20. हमारे गाँव के आसपास जंगल है।
21. जबसे वह झूठ बोला, मैं उसका विश्वास नहीं करता।
22. मैं आता तो सही पर रेलगाड़ी छूट गई।

अंग्रेज़ी अनुवाद

1. I wonder if this is true.
2. I have two sons.
3. I have one dog.
4. I have left that house.

5. I wonder if he accepts this.
6. The killings of innocent people in Kashmir must be condemend.
7. It was a pleasant surprise to me.
8. Treatment of patient by doctor was not satisfactory.
9. Treatment of subject by research scholar was not satisfactory.
10. Interest rates of banks are very low.
11. He has no interest in cricket.
12. Fair letter is put up for signature.
13. What can a poor man do in this world?
14. Many a person gets angry even with trifling matters.
15. His condition get completely changed.
16. I did not purchase the books which were not available.
17. Learning is better than wealth.
18. He has no right to say anything.
19. The Ganges is considered sacred among the rivers.
20. There is a forest around our village.
21. Ever since he told a lie, I do not believe him.
22. Of course, I would have come, but I missed the train.

अंग्रेज़ी अवतरणों का हिंदी अनुवाद

(1) अंग्रेज़ी अवतरण

Besides honey, colour and scent of flowers attract many ants and insects. That insects like light can be easily inferred as soon as we light a fire. Attracted by light, hosts of insects rush into the flame and get burnt. Insects are attracted also by the beauty of flowers. Flowers that bloom in the morning have many colours in their petals. Those that bloom in the evening are generally white. At night, no other colours except white is easily discernible. Those insects that move about at night are attracted by the white colour. The scent of flowers travels far in the evening and at night. The

Rajanigandha blooms only in the evening; its colour is white and it has a sweet scent. Many insects gather honey from it. One day, an ant said to a bee, 'Your food is the sweetest in the world but I am delighted even to get whatever you throw away as not being sweet.' The bee said, 'I gather honey for others, whereas you gather food for yourself alone.'

हिंदी अनुवाद

शहद के अतिरिक्त, फूलों के रंग और सुगंध बहुत-सी चींटियों और कीड़ों को आकर्षित करते हैं। वे कीड़े, जो प्रकाश को पसंद करते हैं, हमारे द्वारा प्रकाश करते ही (आग जलाते ही) अनुमान (महसूस) कर लेते हैं। प्रकाश से आकर्षित होने के कारण, सैकड़ों कीड़े लौ या ज्वाला पर टूट पड़ते हैं और जल जाते हैं। कीड़े फूलों की सुंदरता के प्रति भी आकर्षित होते हैं। जो फूल सुबह खिलते हैं उनकी पंखुड़ियाँ रंग-बिरंगी होती हैं। जो (फूल) संध्या समय खिलते हैं प्रायः सफेद होते हैं। रात में, सफेद रंग को छोड़कर अन्य रंग आसानी से नहीं पहचाने जाते हैं। जो कीड़े रात में घूमते हैं वे सफेद रंग के प्रति आकर्षित होते हैं। फूलों की सुगंध संध्या और रात्रि में दूर तक फैल जाती है। रजनीगंधा केवल संध्या में खिलती है, इसका रंग सफेद और इसकी सुगंध मधुर होती है। बहुत से कीड़े उससे शहद एकत्र करते हैं। एक दिन, एक चींटी ने मधुमक्खी से कहा, "तुम्हारा भोजन संसार में सबसे मीठा है परंतु जो भी मीठा नहीं है, उसको तुम फेंक देते हो मैं तो केवल उसी को पाकर आनंदित होती हूँ।" मधुमक्खी ने कहा—"मैं शहद दूसरों के लिए इकट्ठा करती हूँ जबकि तुम केवल अपने लिए भोजन-संग्रह करती हो।"

(2) अंग्रेज़ी अवतरण

An old woman lived in the foothills. Napoleon went to that woman to find out whether there was any way to cross the mountain or some pass through which he could take his army across. He told her the purpose of visit. The woman laughed as she heard the reason and told him, 'Many fools have lost their lives in attempts to cross this mountain. It would be better for your to go back to the place from which you have come.' Napoleon was not at all disappointed by what the old woman said to him. For him, the word 'impossible' did not exist. He told the old woman, 'Your talks have encouraged me. Now I shall plan my next move with more caution and would not rest till I have conquered the mountain.' The old woman was wonderstruck at the supreme self-confidence of Napoleon. She congratulated him and said, 'Nothing is impossible in this world for courageous people like you. You will succeed in your mission. My blessings are with you.'

हिंदी अनुवाद

एक पर्वत की तलहटी में एक वृद्ध स्त्री रहती थी। नेपोलियन उस पर्वत को पार करने का मार्ग या दर्रे के बारे में पूछने के लिए उस स्त्री के पास गया जिससे वह अपनी सेना को उस पार ले जा सके। उसने उसको अपने आने का उद्देश्य बताया। जैसे ही वृद्धा ने उसके आने का कारण जाना, वह हँस पड़ी और उसको कहा—"इस पर्वत को पार करने के प्रयासों में कई मूर्ख लोगों ने अपनी जान दे दी। तुम्हारे लिए अच्छा यही होगा कि तुम जहाँ से आए हो, वहाँ लौट जाओ।" उस बूढ़ी स्त्री के कहने पर भी नेपोलियन निराश नहीं हुआ। उसके लिए 'असंभव' शब्द का कोई अस्तित्व नहीं था। उसने बुढ़िया से कहा—"आपकी बातों से मुझे प्रोत्साहन मिला। अब मैं अपने अगले कदम की योजना बहुत सावधानी से बनाऊँगा और तब तक विश्राम नहीं करूँगा जब तक इस पर्वत को नहीं जीत लूँ।" वह बुढ़िया नेपोलियन के इस महान् आत्मविश्वास से आश्चर्यचकित हो गई। उसने उसे बधाई देते हुए कहा—"तुम्हारे जैसे साहसी व्यक्ति के लिए इस संसार में कुछ भी असंभव नहीं है। तुम्हें अपने कार्य (मिशन) में अवश्य सफलता प्राप्त होगी। मेरा आशीर्वाद तुम्हारे साथ है।"

(३) अंग्रेज़ी अवतरण

India's trade, internal and external, was not large, principally because of the inadequacy of communication and transportation. Internal trade was restricted to comparatively light and valuable products. There was little trade in bulky and cheap goods, largely on account of the high cost of transportation of these goods. Trade was also less because of the restrictions on the types of goods traded, as also on the distances covered.

As far as the external trade is concerned, this too was not much because of the weak internal communication system and shortage of transport facilities. Even then Indian goods found market in far-flung places in the world. Most of the goods exported were industrial in character. These were cotton and silk fabrics, shawls and carpets, sugar, etc. Imports were of small variety and consisted of such items as gold, precious stones, tea and coffee, etc. In its external trade India enjoyed surpluses and received gold and silver in ample quantities as payment for the same.

हिंदी अनुवाद

भारत का आंतरिक और विदेशी व्यापार विशाल नहीं था। इसका मुख्य कारण संचार एवं यातायात के अपर्याप्त साधन थे। आंतरिक व्यापार अपेक्षाकृत हलकी एवं मूल्यवान वस्तुओं तक सीमित था। भारी और सस्ती चीजों का बहुत कम व्यापार होता था क्योंकि इनके यातायात पर भारी खर्च था। कुछ वस्तुओं के व्यापार पर प्रतिबंध था तो कुछ दूरी के कारण भी बेची नहीं जाती थीं।

जहाँ तक विदेश व्यापार का संबंध है। यह भी अधिक नहीं था क्योंकि आंतरिक संचार साधन कमज़ोर थे और यातायात साधनों की कमी थी। फिर भी भारतीय माल को संसार के दूरस्थ स्थानों में बाजार मिला। निर्यात किया जानेवाला उत्पादन प्रमुख रूप से औद्योगिक था। इसमें थे सूती तथा रेशमी वस्त्र, शालें, गलीचे, शक्कर आदि। सोना, मूल्यवान पत्थर, चाय और कॉफी आदि कुछ ही चीजों का आयात किया जाता था। विदेश व्यापार में भारत समृद्ध था और इससे (निर्यात से) उसको पर्याप्त सोना और चांदी के रूप में भुगतान मिलता था।

(4) अंग्रेज़ी अवतरण

Most of the people, around 70 percent, lived in villages. Their ways of living characterised the Indian economy. The Indian economy was almost entirely a rural economy. The villages, however, were mostly self-sufficient units, isolated from outside. All the material needs of the village-people were satisfied locally. Only a few goods like salt and some luxury goods such as ornaments were brought from outside. Further all the artisans lived in villages and supplied non-food requirements of the population. The lack of adequate communications too kept the villages immune from outside contacts. A very important feature of the rural life was the fact that the majority of artisans was servants of the village. The artisans possessed lands which were given to them by the village, free or at reduced rent. The artisans performed various services for which they were given a share of the produce of land cultivated by other villagers. This non-dependence on outside gave the village strength to survive and resist any external attack. Another predominant aspect of the village life was the extremely simple division of labour. Each one did all the jobs connected with the production of a commodity.

हिंदी अनुवाद

अधिकतर लोग गाँवों में रहते हैं, लगभग 70 प्रतिशत। उनकी जीवन-शैली भारत की आर्थिक स्थिति की विशेषताओं को प्रकट करती है। भारतीय अर्थनीति प्रायः पूर्ण ग्रामीण रही है। अधिकतर गाँव आत्म-निर्भर इकाई थे और बाहर से कटे हुए थे। गाँव के लोगों की भौतिक आवश्यकताएँ स्थानीय स्तर पर ही पूरी हो जाती थीं। केवल नमक अथवा जैसे आभूषण विलास की कुछ वस्तुएँ बाहर से लाई जाती थीं। तदुपरांत सभी प्रकार के शिल्पकार गाँवों में रहत थे और वे भोजन के अतिरिक्त जनसामान्य की सभी आवश्यकताओं की पूर्ति करते थे। पर्याप्त संचार साधनों के अभाव के कारण भी गाँव बाह्य संपर्क से अप्रभावित रहे। ग्रामीण जीवन की एक बहुत महत्त्वपूर्ण विशेषता यह थी कि अधिकांश शिल्पी गाँव के सेवक थे। शिल्पियों के पास जो ज़मीन थी वह उन्हें गाँव से निःशुल्क अथवा कम किराए पर मिली थी। शिल्पी कई प्रकार की सेवाएँ करते थे जिसके लिए उन्हें ज़मीन से उत्पन्न वस्तुओं का कुछ भाग मिलता था जो अन्य ग्रामवासियों

द्वारा पैदा किया जाता था। बाहर से निर्भरता न होने के कारण गाँवों को अपने अस्तित्व के लिए शक्ति मिली और वे किसी भी बाहरी आक्रमण का मुकाबला करते। ग्रामीण जीवन का एक अन्य महत्त्वपूर्ण पहलू पूर्णतया सरल श्रम विभाजन था। प्रत्येक ग्राम ने वस्तु के उत्पादन से संबंधित सभी कार्य किए।

(5) अंग्रेज़ी अवतरण

A poor woman once came to Buddha to ask him whether he could give her medicine to restore her dead child to life. The holy man touched by the great sorrow of the woman, told her that there was only one medicine which could revive her son. He bade her to bring him a handful of mustard seeds from a house where death has never entered. The sorrowing mother went from door to door seeking the mustard seed, but every door she met with sad replies. One said, 'I have lost my husband.' Another said, 'Our youngest child died last year.' She returned with a heavy heart to the saint and told him the result of her quest. Then, Buddha told her tenderly that she must not think much of her grief, since sorrow and death are common to all.

हिंदी अनुवाद

एक निर्धन महिला एक बार बुद्ध के पास आई और उसने उनसे कहा कि क्या वे उसके मृत बच्चे को पुनर्जीवित करने की दवा दे सकते हैं। स्त्री के अत्यधिक दुःख से महात्मा दुःखी हुए। वे उससे बोले कि केवल एक दवा है जिससे तुम्हारा बेटा पुनर्जीवित हो सकता है। उन्होंने उसको आदेश दिया कि तुम उस घर से एक मुट्ठी सरसों के दाने (बीज) लाओ जिसमें मृत्यु का कभी प्रवेश नहीं हुआ हो। शोकमग्न माँ द्वार-द्वार गई और सरसों के दाने माँगे, परंतु हर द्वार पर उसको शोकपूर्ण उत्तर मिले। एक ने कहा, "मेरे पति की मृत्यु हो गई" दूसरे ने कहा, "गत वर्ष हमारा सबसे छोटा बच्चा मर गया।" वह भारी मन से महात्मा के पास लौट आई और अपनी खोज का परिणाम बताया। तब बुद्ध ने करुणापूर्ण शब्दों में कहा कि उसको अपने दुःख के विषय में अधिक नहीं सोचना चाहिए, क्योंकि शोक और मृत्यु सबके साथ जुड़े हैं।

(6) अंग्रेज़ी अवतरण

Once a poor man was put in jail although he had done no wrong. After a long time, the Raja of the State visited the jail and the man told him that he was an innocent man against whom a case had been made up by his enemies. The King found out that this was true and gave the man a sum of money and set him free. The man went straight to the market in which there was a shop where Bulbuls and other wild birds were kept in cages for sale. He said to the shop-keeper, 'I wish to buy all the caged wild birds that you have.' To this the shopkeeper replied. 'Why ? Are you going to start a Zoo-logical Garden ?' But the man answered, 'No, the birds have been unjustly prisoned, I am going to set them free.' And he did so.

हिंदी अनुवाद

एक निर्धन व्यक्ति को कारागार में डाल दिया गया, यद्यपि उसका कोई अपराध नहीं था। काफी समय के बाद उस राज्य का राजा कारागार में आया। उस आदमी ने उसको बताया कि वह निरपराध है और उसके विरुद्ध उसके शत्रुओं ने मामला दर्ज किया है। राजा ने यह बात सच पाई और उसको पैसे दिए और मुक्त कर दिया। वह आदमी उस बाजार सीधा गया जहाँ एक दुकान में बुलबुल और अन्य पक्षी पिंजरों में बिक्री के लिए बंद थे। उसने दुकानदार से कहा, ''तुम्हारे पिंजरों में बंद इन सब पक्षियों को खरीदने की मेरी इच्छा है।'' इस पर दुकानदार बोला–''क्यों? क्या तुम चिड़ियाघर खोलने जा रहे हो?'' उस आदमी ने उत्तर दिया–''नहीं, ये पक्षी अन्यायपूर्ण बंद किए गए हैं और मैं उनको मुक्त करूँगा।'' और उसने ऐसा ही किया।

(7) अंग्रेज़ी अवतरण

It is true to say that service to man is a service to God. Ravindranath Tagore in his poem 'Leave this chanting', says that God is to be found with the poor toiling people. He suggests that service of the masses is the service of God. All the saints and religious teachers have stressed the importance of serving humanity. If we lend a helping hand to a person in need, if we being comfort to a troubled mind, if we wipe out tears from a poor man's eyes we certainly serve God through our selfless acts. It is said that God loves those who love their fellow beings. So the best way to serve God is to serve humanity.

हिंदी अनुवाद

यह कहना सच है कि मनुष्य की सेवा ही ईश्वर की सेवा है। रवीन्द्रनाथ टैगोर अपनी कविता 'इस भजन को छोड़ो' में कहते हैं कि ईश्वर कठोर परिश्रम करने वाले लोगों में मिल सकते हैं। वह सलाह देते हैं कि जनता की सेवा ही ईश्वर की सेवा है। सभी साधु-महात्माओं तथा धार्मिक गुरुओं ने मानवता की सेवा पर जोर दिया है। यदि हमने एक जरूरतमंद आदमी की मदद हाथ बढ़ाकर की है, यदि हमने किसी अशांत (दुःखी) मस्तिष्क को शांति दी है, यदि हमने किसी गरीब की आँखों से आँसू पोंछे हैं तो हमने निश्चय ही अपने निःस्वार्थ कार्यों के माध्यम से ईश्वर की सेवा की है। यह कहा जाता है कि ईश्वर उसको प्यार करता है जो अपने साथियों से प्रेम करता है। इसलिए ईश्वर की सेवा का श्रेष्ठ मार्ग है मानवता की सेवा।

(8) अंग्रेज़ी अवतरण

A small family is indeed a happy family. It is mainly because in these days of high prices, it is very difficult to support a large family. Each member of the family requires food, clothing, education and accommodation. This means more expense. The income of a person being limited, the larger the family, the poorer the standard of living. Suppose a couple's income is Rs. 15,000 per month. Their standard of living will be better if they had two children than if they had three or more children. A small family thus, is an economic necessity. Only a small family can be a happy family as its members do not have to face economic problems. It can have a decent standard of living.

हिंदी अनुवाद

एक छोटा परिवार वास्तव में सुखी परिवार है। इसका प्रमुख कारण है महँगाई, क्योंकि बड़े परिवार का गुजारा बहुत कठिनाई से होता है। परिवार के प्रत्येक सदस्य को भोजन, कपड़ा, शिक्षा और निवास की आवश्यकता होती है। इसका अर्थ है ज्यादा खर्च। एक आदमी की आय सीमित होती है, अतः बड़ा परिवार होने पर जीवन-स्तर नीचे होगा। मान लो एक दंपति की आय पाँच हजार रुपए मासिक है। यदि उनके दो बच्चे हैं तो उनका जीवन-स्तर अच्छा होगा, बजाय तीन या अधिक बच्चे होने पर। इसलिए छोटा परिवार एक आर्थिक आवश्यकता है। केवल छोटा परिवार ही सुखी परिवार हो सकता है क्योंकि उसके सदस्यों को आर्थिक समस्याओं का सामना नहीं करना पड़ता। इसका जीवन-स्तर उत्तम हो सकता है।

(9) अंग्रेज़ी अवतरण

One day an English gentleman named Rowland Hill was walking past a house when he saw a postman taking a letter up to the gate. A young girl came out to receive it. She turned it over in her hand. The price of the postage was one shilling, but she had no money to pay for the letter. The postman put it back in his bag and turned away from the house. Rowland Hill, who was a kind hearted man, paid the shilling and the postman handed the letter to the girl. It was her dear brother's letter. This made Hill think how letters could be sent at less cost so that the poor and the rich alike could make contact more often with their friends and relatives. He thought and at last made a plan, and with the help of Government, soon started cheap postage. We should thank Rowland Hill for doing us a great sevice.

हिंदी अनुवाद

एक दिन रोलैण्ड हिल नाम का एक अंग्रेज़ भद्र पुरुष किसी घर के सामने से जा रहा था तो उसने एक डाकिये को दरवाजे तक पत्र ले जाते हुए देखा। एक युवती इसे लेने बाहर आई। उसने उसको (पत्र को) हाथ में उलटा-पलटा। डाक

व्यय की रकम एक शिलिंग थी। परंतु पत्र के लिए उसके पास पैसे नहीं थे। डाकिये ने पत्र को पुनः अपने थैले में रखा और उस घर से मुड़ चला। रोलैण्ड हिल, एक दयालु व्यक्ति था। उसने शिलिंग दे दिया और डाकिये ने वह पत्र लड़की को दिया। यह पत्र उसके प्रिय भाई का था। इस घटना से हिल यह सोचने को मजबूर हो गया कि सस्ते दामों पर पत्र कैसे भेजे जा सकते हैं ताकि निर्धन और धनी समान रूप से अपने मित्रों और रिश्तेदारों से अधिक संपर्क बनाए रख सकें। उसने इस संबंध में विचार किया और अंत में एक योजना बनाई। सरकार के सहयोग से, सस्ती डाक सेवा शीघ्र प्रारंभ हो गई। रोलैंड हिल ने हमारे लिए यह जो महान सेवा की है, उसके लिए हम उनके आभारी हैं।

(10) अंग्रेज़ी अवतरण

A man in the East, gave up all worldly concerns and retired to a woods, where he built a hut and lived in it. His only cothing was a piece of cloth which he wore round his waist. But, as ill luck would have it, rats were plentiful in the wood; so he had to keep a cat. The cat required milk to feed it, so a cow had to be kept. The cow required tending, so a cow-boy was employed. The boy required a house to live in, so a house was built for him. To look after the house a maid had to be engaged. To provide company for the maid, a few more houses had to be built and people invited to live in them. In this manner, a little township sprang up.

हिंदी अनुवाद

पूर्व में रहने वाला व्यक्ति सांसारिक चिंताओं का त्याग करके और संन्यासी बनकर एक जंगल में चला गया, वहाँ उसने एक कुटिया बनाई और उसमें रहने लगा। उसके पास एकमात्र जो कपड़ा था उसे वह अपनी कमर में बाँध लेता था। किंतु, दुर्भाग्यवश, उस वन में बहुत चूहे थे, इसलिए उसे एक बिल्ली पालनी पड़ी। बिल्ली के भोजन के लिए दूध की आवश्यकता थी, इसलिए एक गाय भी पालनी पड़ी। गाय की देखभाल के लिए एक ग्वाला रखा गया। ग्वाले के रहने के लिए घर की आवश्यकता हुई, इसलिए उसके लिए घर बनाया गया। घर की व्यवस्था के

लिए एक नौकरानी रखनी पड़ी। उस नौकरानी का साथ देने के लिए, कुछ और घर बनाए गए और लोगों को उनमें रहने के लिए बुलाया गया। इस प्रकार वहाँ एक बस्ती ही बस गई।

हिंदी अवतरणों का अंग्रेज़ी अनुवाद

(1) हिंदी अवतरण

भारत की सभी नदियाँ पश्चिम से पूर्व या पूर्व से पश्चिम की ओर प्रवाहित होती हैं। उत्तर से दक्षिण या दक्षिण से उत्तर की ओर एक भी नहीं। क्यों नहीं बहतीं? और पूर्व से पश्चिम बहने वाली नदी से एक अन्य नदी विपरीत दिशा की ओर बहती है इसके उदाहरण सिंधु और ब्रह्मपुत्र हैं। नदियाँ विभाजक रेखा हैं और प्रकृति को हमारा विभाजन स्वीकार नहीं है। हमारी नदियाँ विभाजक रेखा होते हुए भी कहीं-न-कहीं हमें बाँधती हैं किंतु आज भी वे हमें स्नान पर्व पर जोड़ती हैं। कोई दृश्य या अदृश्य सूत्र है जो कन्याकुमारी और परशुराम कुंड को एक किए हुए है। प्रकृति ने हमें एक बनाया है—एक अनिवार्य अविच्छिन्न इकाई। एकता की नींव पर ही हमारे राष्ट्र की भित्ति सुदृढ़ होगी।

अंग्रेज़ी अनुवाद

All the rivers of India flow from west to east or east to west. None of them from north to south or south to north. Why not flow ? A river flows from east to west and another one river flows in the opposit direction—Indus and Brahamputra are the examples. Rivers are dividing lines and nature does not accept our division. Our rivers are dividing lines but still they unite us on the occasion of bathing. There is some visible or invisible factor which is uniting Kanya Kumari to Parashuram Kund. The nature has created us as one—One essential undividable unit. The wall of our Nation will be solid and strong on the foundation of unity.

(2) हिंदी अवतरण

इस वर्ष राज्य के 23 जिलों में 24,500 से अधिक गाँव सूखे की चपेट में आ

गए हैं। शेष 9 जिलों से अभी तक विवरण नहीं मिला है।

गिरदावरी रिपोर्ट के अनुसार 2,500 करोड़ रुपए की फसल का नुकसान हुआ है। राजस्थान में यह तीसरी बार सूखा पड़ा है। 1998-99 में राज्य ने 22000 गाँवों को सूखाग्रस्त घोषित किया था। 1999-2000 में यह संख्या बढ़कर 23,500 गाँवों तक पहुँच गई। इस वर्ष इसने अपने पहले के सब रेकार्ड तोड़ दिए। गाँवों की संख्या बचे हुए नौ जिलों से रिपोर्ट आने पर और बढ़ेगी।

प्राथमिक रिपोर्ट के अनुसार इस वर्ष का सूखा गत वर्ष से अधिक गंभीर होगा।

अंग्रेज़ी अनुवाद

This year more than 24,500 villages are reeling under drought in the 23 districts of the state. Reports from the remaining nine districts have not yet arrived.

According to Girdawari Report, loss of crop is of Rs. 2500 crores. This is the third consecutive drought in Rajasthan. In 1998-99 the state declared 22,000 villages as drought hit. The number rose to 23,500 villages in 1999-2000. This year it crossed all its earlier records. The number of villages will further rise when the report from nine districts pour in.

According to the preliminary reports, this year the drought will be more intense than the last year.

(3) हिंदी अवतरण

गांधी जी 1892 से 1914 तक दक्षिणी अफ्रीका में थे। उन्होंने वहाँ अफ्रीकी तथा भारतीय लोगों के साथ यूरोपवासियों का अमानवीय व्यवहार देखा। जब वे भारत लौटे तो उन्होंने अपने अनुभवों का तथ्यात्मक विवरण प्रकाशित किया। किंतु इस विवरण को इंग्लैंड और दक्षिणी अफ्रीका में अतिशयोक्तिपूर्ण रूप में अत्यधिक प्रसारित किया गया और इससे दक्षिणी अफ्रीका के गोरे लोग गांधी जी से नाराज हो गए। जब वे डरबन वापस आए तो उनके विरुद्ध जन-भावना फैल गई। नेटाल सरकार ने कुछ दिनों के लिए उनके जहाज़ को बंदरगाह में घुसने से रोक दिया

और उनको उससे उतरने से रोकने का प्रयास किया।

अंग्रेज़ी अनुवाद

Gandhiji was in South Africa from 1892 to 1914. There he saw the inhuman treatment to Africans and Indians by the Iuropeans. When he returned to India, he published a factual account of his experiences. But the exaggerated version of this was given wide publicity in England and South Africa and the white people in the latter country were inflamed against Gandhiji. When he came back to Durban, mass feeling ran against him. The Government of Natal prevented the entry of his ship into the port for a few days and tried to dissuade him from landing.

(4) हिंदी अवतरण

पंजाब के मुख्यमंत्री श्री प्रकाशसिंह बादल की अगले महीने में निर्धारित कनाडा यात्रा स्थगित हो गई।

वरिष्ठ सुरक्षाकर्मियों के अनुसार दो सिख उग्रवादियों के कनिष्क विमान की ब्रिटिश कोलंबिया में दुर्घटना के कारण पकड़े जाने से उत्पन्न सुरक्षा के खतरे के कारण योजना में परिवर्तन किया गया है। श्री बादल के समर्थक भी संभावित अवांछित घटना या उग्रवादियों के द्वारा विरोध की अपेक्षा से चिंतित हैं।

वरिष्ठ अधिकारियों को यह सूचना प्राप्त हुई है कि लगभग दस दिन की यात्रा स्थगित की गई है। आधिकारिक रूप से इसका कोई विशेष कारण नहीं दिया गया है।

अंग्रेज़ी अनुवाद

Punjab Chief Minister Mr. Prakash Singh Badal's Tour of Canada, scheduled for next month, stands deferred.

According to Senior security personnel, two sikh extremists were arrested for Kanishka crash in British Columbia, caused security threat which is a reason for the change in plan.

Mr. Badal's supporters are also worried of any untoward

incident or possible protest.

A communication received by senior officers to day informed them about the postponement of almost ten-day tour. No specific reason has been officially given for the same.

(5) हिंदी अवतरण

रासीपुरम कृष्णास्वामी नारायणस्वामी 10 अक्टूबर 1996 को 90 वर्ष के हो गए, उनका जन्म तमिलनाडु के रासीपुरम गाँव में हुआ था। उनका परिवार बहुत लंबे समय से मद्रास में बस गया, जिसका नाम अब चेन्नै हो गया है। उनकी शिक्षा-दीक्षा इसी नगर में हुई। स्नातक परीक्षा उत्तीर्ण करने के बाद वे मैसूर चले गए और निश्चय किया कि वे कलम से जीविकोपार्जन करेंगे। वे 1990 में चेन्नै लौटे। जहाँ वे अपने दामाद के साथ रहते हैं।

आर. के. नारायणस्वामी बीसवीं शताब्दी के अँग्रेज़ी के महान भारतीय लेखक माने जाते हैं। अब तक उनके छः उपन्यास, अनेक कहानी-संग्रह तथा अन्य लेखन सामग्री प्रकाशित हो चुकी है। 'मालगुड़ी' नामक छोटे कस्बे के विषय में लिखने पर उन्हें बहुत प्रसिद्धि मिली है।

अंग्रेज़ी अनुवाद

Rasipuram Krishnaswami Narayanswami who' turned ninety on October 10, 1996, was born in the village Rasipuram in Tamilnadu. His family had been established in the city of Madras since long time; Which is now renamed as Chennai. He had his education in this city. After graduation, he shifted to Mysore and decided to earn his livelihood by his pen. He returned to Chennai in 1990, Where he is living with his son-in-law.

R.K. Narayanswami is regarded as India's greatest writer of English of twentieth century. To date his six novels, several collections of short stories and other writings have been published. He is famous for writing about a small town 'Malgudi'.

(6) हिंदी अवतरण

संसद के आगामी शरदकालीन सत्र में संविधान संशोधन प्रस्ताव के प्रस्तुत होने की संभावना है। इसमें अनुच्छेद 21-ए जोड़कर केंद्र सरकार के लिए 6 से 14 वर्ष आयु वर्ग के बच्चों को केंद्र सरकार के लिए निःशुल्क एवं अनिवार्य शिक्षा देना वैधानिक दायित्व होगा।

सामाजिक कार्यकर्ता, बच्चों के अधिकारों की माँग करने वालों, वकीलों, शिक्षाविदों और बुद्धिजीवियों ने सरकार पर इस बिल पर पुनर्विचार करने का दबाव डाला है।

दिल्ली बाल अधिकार मंच की सुश्री अंजलि सिन्हा का कहना है—यह बिल एक नीति निर्देशक सिद्धांत, बालक के परंपरागत अधिकार तथा इस पर सर्वोच्च न्यायालय के निर्णय के विरुद्ध है। इस नए अनुच्छेद द्वारा छः वर्ष की आयु के नीचे के बच्चों के साथ भेदभाव नहीं किया जाना चाहिए। अनुच्छेद 21-ए द्वारा निःशुल्क और अनिवार्य शिक्षा को 14 वर्ष तक के सब बच्चों के लिए मौलिक अधिकार बनाया जाए।

एक सामाजिक न्यायविद् श्री अशोक अग्रवाल ने कहा, हम 21-ए अनुच्छेद को संविधान की तृतीय सूची में सम्मिलित करने के प्रस्ताव का विरोध नहीं कर रहे हैं, किंतु इस धारा का विरोध कर रहे हैं जिसके द्वारा केवल एक आयु वर्ग के बच्चों के लिए लागू किया जा रहा है।

इस बात पर भी जोर दिया जा रहा कि अनुच्छेद 45 की विषयवस्तु को नहीं बदला जाए।

अंग्रेज़ी अनुवाद

In the next winter session of the Parliament, a Constitution Amendment Bill is likely to be presented; in which Article 21-A is to be inserted making it mandatory for the Central Government to provide free and Compulsory Education to the Children in the age group of 6 and 14.

Social workers, child rights activists, lawyers, educationists and intellectuals are pressing the government to review this bill.

Ms. Anajali Sinha of Delhi Bal Adhikar Manch says, This bill contravences a directive principle, the convention of the rights of the child, and the Supreme Court ruling on this. This new Article should not be discriminative towards children below six years of age. Article 21-A should make free and compulsory education the fundamental right for all children up to 14 years.

Mr. Ashok Agarwal a Social Jurist said, We are not opposing the introduction of Article 21-A in the third schedule of the constitution. But the clause that is being implemented only for the Children of one age group.

It is being stressed that the content of Article 45 should **not** **be tempered** with.

(7) हिंदी अवतरण

एक बार एक मूर्ख व्यक्ति अपने ससुराल जा रहा था। उसको 'हाँ' और 'नहीं' बोलना सिखाया गया और उससे कहा गया कि वह कोई दूसरा शब्द न बोले।

उसको देखकर सास ने पूछा–"क्या तुम ठीक हो?"
मूर्ख बोला, "हाँ।"
तब वह बोली–"क्या मेरी बेटी ठीक है?"
मूर्ख बोला, "नहीं।"
"क्या उसको बुखार है?" सास ने पूछा।
"हाँ।" मूर्ख बोला।
"क्या वह अब ठीक नहीं है?" सास ने पूछा।
"नहीं।" मूर्ख बोला।
"क्या वह मर गई है?" उसने पूछा।
"हाँ", मूर्ख ने कहा।
सास जोर-जोर से रोने लगी।

अंग्रेज़ी अनुवाद

Once a foolish man was going to his father-in-law's place. He was taught to speak 'Yes' and 'No' and was told that he should not utter any other word.

The mother-in-law on seeing him said. "Are you all right ?"

The fool said, "Yes."

She then asked, "Is my daughter well ?"

The fool said, "No."

"Is she suffering from fever ?" The mother-in-law asked.

"Yes", said the fool.

"Is she not well now ?" asked the mother-in-law

"No", said the fool.

"Is she dead ?" she asked.

"Yes", said the fool.

The mother-in-law started weeping loudly.

(8) हिंदी अवतरण

लाहौल और स्पीति हिमाचल प्रदेश का सबसे बड़ा जिला है। यह ऊँचे पर्वतों का विशाल क्षेत्र है और एक सँकरी घाटी है जिसके उत्तर में लद्दाख और तिब्बत, पूर्व में किन्नौर और दक्षिण में कुल्लू घाटी है। लाहौल की लगभग आधी जनसंख्या बौद्ध है, और शेष आधी हिंदू। लाहौल के मंदिरों में और घरों में, दोनों धर्मों की मूर्तियाँ साथ-साथ देखी जा सकती हैं। इस क्षेत्र की प्रमुख भाषा भोटी है, जो तिब्बती से मिलती-जुलती है।

अंग्रेज़ी अनुवाद

Lahul and spiti, the largest district of Himachal Pradesh, is a vast area of high mountains and a narrow valley bounded by Ladakh and Tibet to the North, Kinnaur to the East and the Kullu valley to the South. In Lahul, about half of the population is Buddhist, while the other half is Hindu. In the temples and homes, the idols from both the religions can be seen side by side. The main language of this area is Bhoti, which is similar to Tibetan.

(9) हिंदी अवतरण

ग्रामीण लोग यहाँ अधिकंतर निरक्षर हैं। वे छोटी-छोटी बातों पर आपस में लड़ते रहते हैं। जब-तब वे न्यायालयों में जाते रहते हैं और अपना काफ़ी पैसा व्यर्थ गँवाते हैं। एक बार एक गाँव वाले ने अपने एक पड़ोसी के विरुद्ध मुकदमा दायर किया। उसने अपने पड़ोसी पर यह आरोप लगाया कि इसने मेरे मवेशी चुराए हैं। उसने कई गवाह पेश किए। पड़ोसी ने न्यायालय को बताया कि उसके पशु उसकी फसल को बर्बाद कर रहे थे। उसने भी कई गवाह पेश किए। मजिस्ट्रेट ने जाँच के लिए आदेश दिया। जाँच से पता चला कि पहले आदमी के कोई पशु नहीं थे और दूसरे की कोई फसल नहीं थी।

अंग्रेज़ी अनुवाद

The villagers here are mostly illiterate. They querrel among themselves on petty matters. At times, they go to the courts of law and waste a lot of money. Once a villager filed a suit against one of his neighbours. He charged his neighbour that he had stolen his cattle. He produced many witnesses. The neighbour told the court that the cattle were destroying his crops. He also produced many witnesses. The magistrate ordered an enquiry. The enquiry's findings were that the first man had no cattle and the second one had no crop.

(10) हिंदी अवतरण

वास्तव में पारिभाषिक शब्दावली की समस्या भारतीय भाषाओं के सामने पहली बार नहीं आ रही है। जनभाषा के पक्ष में जिन लेखकों ने संस्कृत में लिखने की पूर्व परिपाटी को छोड़ना चाहा, उनमें से प्रत्येक ने भाषा-निर्माण के स्थान पर शब्दों को अन्य भाषाओं से ग्रहण कर अपना काम चलाया है। वस्तुतः शब्द और शब्द-समूह को ग्रहण करने में किसी भाषा का अपमान नहीं होता। यह नितांत स्वाभाविक प्रक्रिया है। शब्दों और अभिव्यक्तियों को केवल शब्द-भंडार बढ़ाने के लिए नहीं लिया जाता वरन् किसी विशेष संदर्भ में प्रयुक्त होने वाले शब्दों को उसी संदर्भ में उपयुक्त मानते हुए ग्रहण करना होता है।

अंग्रेज़ी अनुवाद

As a matter of fact, the problem of terminology is not coming to the Indian languages for the first time. Every writer, who wanted to break away from the previous tradition of Writing in Sanskrit in favour of the language of the masses has resorted to the borrowing rather than building up languages. Indeed, it is not derogatory for a language to borrow terms and expressions from other languages. It is the most natural process. the words and expressions have to be brought in not merely as additional vocables but as words trailing a certain context of meaning associated by usage with them.

अभ्यास

अंग्रेज़ी से हिंदी अनुवाद–शब्दार्थ सहित

1. Keeping in mind the pitiable condition of the people of chennai in the context of the present shortage of drinking water in the coastal areas, he suggested that we should turn to desalination of sea water on the Japanese Pattern. He pointed out that the Implementation Committtee's report contained a number of repetitious suggestions. There was need for utilizing fully the existing resources such as technology museums before creating new institutions. He stressed the need for critical evaluation of past failures of programmes and the need to pay adequate attention to wards problems like unemployment and water.

शब्दार्थ : Pitiable–दयनीय; Shortage–कमी; Coastal areas–तटीय क्षेत्र; Desalination–लवण रहित करना; Implementation–कार्यान्वयन; Prepetitious–बार-बार दुहराए गए; Existing–वर्तमान; Resources–संसाधन; Technology–प्रौद्योगिकी; Museums–संग्रहालय, अजायबघर; Institutions–संस्थाएँ; Critical Evaluation–आलोचनात्मक मूल्यांकन; Adequate–पर्याप्त; Unemployment–बेरोज़गारी।

2. We talk about a socialist pattern of society, industrialisation,

the removing of unemployment, of higher standards, and so on. What is really necessary is somehow to activize and dynamize the base of the Indian social structure........there has been too much activizing from the top layers of society all the time. We do not solve our problems unless we activize the base of Indian society, which means millions and millions of villager, million of workers and small earners, unemployed people and people on the land.

शब्दार्थ : Socialist–समाजवादी; Industrialisation–औद्योगिकीकरण; Activize–सक्रिय करना; Dynamize–गतिशील बनाना; Social structure–सामाजिक संरचना।

3. Efforts for speedy and effective implementation of official language policy of the Govt continued to be made during this year. Official Language Implementation Committee of this department met at regular intervals to review the progress and recommend further steps in this regard. Similar committees have been set up in other organisation also. Hindi Advisory Committee under the Chairmanship of the Minister has been set up. Various steps have also been taken to popularise. Hindi in daily official work.

शब्दार्थ : Speedy–शीघ्र; Effective–प्रभावशाली; Interval–अंतर; Organisations–संगठन; Advisory–सलाहकार; Popularise–लोकप्रिय बनाना।

4. Every rule made under this section shall be laid, as soon as may be after it is made, before each House of Parliament while it is in session for a total period of thirty days which may be comprised in one session or in two successive sessions, and if before the expiry of the session in which it is so laid or the session immediately following, both Houses agree in making any modification in the rule of both Houses agree that the rule should not be made, the rule shall there after have effect only in such modified form or be of no effect, as the case may be, so however, that any such modification or annulment shall be without prejudice to the validity of anything previously done under that rule.

शब्दार्थ : Parliament–संसद; House–सदन; Session–सत्र; Successive–क्रमवर्ती; Following–उत्तरवर्ती; Expiry–अवसान; Modification–परिशोधन; Annulment–विलोपन; Validity–वैधता।

5. Political and economic democracy constitute the means to attainment of social democracy. To expect, however, that a traditional society once exposed to the impact of education and schemes of social welfare and provided with a set of social and economic institutions will automatically value the goals of democratic life, is to ignore the lessons of history. History indicates that the traditional society has deep and hardy roots. Every attempt at social change is thus contended, challenged and retarded by the entrenched interests. The new forces of development are often capitalised by the stronger section who strive to perpetuate their sway over the sociey. These tend to neutralise to some extent the effect of well designed steps for promotion of social democracy.

शब्दार्थ : Political–राजनैतिक; Economic–आर्थिक; Democracy–लोकतंत्र; Attainment–प्राप्ति; Traditional–परंपरागत; Impact–प्रभाव; Automatically–स्वत:; Contend–प्रतिवाद करना; Retard–अवरुद्ध करना; Entrenched–निहित; Capitalised–पूंजीगत करना; Strive–संघर्ष करना; Perpetuate–बनाए रखना; Sway–प्रभाव; Neutralize–निष्प्रभावित करना; Designed–सुविचारित; Promotion–संवर्धन, समुन्नति।

हिंदी से अंग्रेज़ी अनुवाद–शब्दार्थ सहित

1. किसी आगंतुक ने गांधीजी से पूछा कि उन्होंने भारत के लिए जो कार्य किया उसमें उनका मूल उद्देश्य क्या रहा। वह सामाजिक था अथवा राजनीतिक या धार्मिक? इन तीनों क्षेत्रों में उनके क्रिया-कलाप इतने व्यापक हैं और उनका हिंदू समाज के मौलिक ढाँचे तथा भारत की राजनीतिक प्रतिष्ठा पर इतना असर हुआ कि उक्त प्रश्न पूछना स्वाभाविक है। गांधीजी ने उत्तर दिया कि–मेरा उद्देश्य पूर्णतया धार्मिक रहा है–मैं धार्मिक जीवन तब तक नहीं बिता सकता था जब तक समस्त मानव जाति से अपने आपको परिचित न कर लूँ और यह कार्य मैं राजनीति में भाग लिए बिना नहीं कर सकता था। मानवीय क्रिया-कलापों से पृथक् किसी धर्म की मुझे जानकारी नहीं है।

शब्दार्थ : आगंतुक–Visitor; उद्देश्य–Objective; क्रियाकलाप–Activities; मौलिक ढाँचा–Fundamental structure; राजनीतिक प्रतिष्ठा–Political status.

2. समाचारपत्र पढ़ना हमारे जीवन का एक हिस्सा बन गया है। जब हम प्रातः उठते हैं तो बड़ी उत्सुकता से समाचार-पत्र का इंतजार करते हैं। बीसवीं सदी समाचारपत्रों का युग है। यह (प्रेस) मनुष्य की तीसरी आँख है। इससे हम संसार के भिन्न-भिन्न देशों (भागों) के बारे में जानकारी प्राप्त कर लेते हैं। वे हमें ताज़ा-से-ताजा समाचार देते हैं। समाचारपत्र जनता की आवाज हैं। ये सरकार और जनता के बीच की कड़ी हैं। प्रेस के द्वारा लोग सभी प्रकार की बुराइयों की आलोचना कर सकते हैं। समाचारपत्र हमारा ज्ञानवर्धन करते हैं। हमें अखबार पढ़ने में रुचि पैदा करनी चाहिए।

शब्दार्थ : उत्सुकता–Eagerly; ताज़ा-से-ताज़ा–Latest; बुराइयों–Evils; ज्ञानवर्धन–Add to knowledge.

3. हमारा संविधान जनता की शिक्षा को बहुत ऊँचा स्थान देता है। ऐसे देश में जहाँ शताब्दियों से अज्ञानता का अंधकार रहा है, यह उचित ही है। अब समय आ गया है कि हम अपने देश से अज्ञानता और निरक्षरता को जड़ से उखाड़ दें। महाविद्यालयों में शिक्षा पा रहे छात्र-छात्राओं का कर्तव्य है कि वे ज्ञान की ज्योति प्रत्येक गाँव और प्रत्येक घर में ले जाएँ ताकि हमारे गाँव आधुनिक दृष्टिकोण अपना सकें। यह बड़े दुःख की बात है कि शहरों की चमक-दमक में हम गाँवों को भूल जाते हैं। अपने उच्च-जीवन स्तर तथा समृद्धि के लिए नगर गाँवों के ऋणी हैं।

शब्दार्थ : संविधान–Constitution; शताब्दियों–Centuries; अज्ञानता–Ignorance Illiteracy; निरक्षरता–Illiteracy; जड़ से उखाड़ना–To uproot; दृष्टिकोण–Outlook; चमक-दमक–Glamour; समृद्धि–Prosperity.

4. अब मैं व्यायाम के बारे में कुछ महत्त्वपूर्ण निर्देश दूँगा। ऊपर दी गई समय-सारिणी में सामान्य स्वास्थ्य वाले व्यक्ति के लिए कार्य के सीमित अथवा निश्चित घंटों में आसनों का अभ्यास करना दिया गया है। प्रारंभ कर्ता को चाहिए कि वह धीरे-धीरे प्रत्येक आसन के अभ्यास के समय में केवल साप्ताहिक वृद्धि करे। आरंभ में आसन करना प्रातःकाल के बजाय सायंकाल सुगम रहता है। एक महीने बाद सुविधा से प्रातः और सायं दोनों समय आसनों का अभ्यास किया जा सकता है। पद्मासन ध्यान मुद्रा है। आसनों के अभ्यास के लिए व्यायामकर्ता को खाली पेट रहना नितांत आवश्यक है।

शब्दार्थ : व्यायाम–Exercise; निर्देश–Instructions; समय-सारिणी–Time table; अभ्यास–Practice; प्रारंभकर्ता–Beginner; ध्यान मुद्रा–Meditative Pose; व्यायामकर्ता–Exercise Practioner.

5. फिल्मों का हमारे जीवन पर गहरा प्रभाव पड़ता है। यह प्रभाव अच्छा भी हो सकता है और बुरा भी। अच्छी फिल्में हमें देवता तथा बुरी फिल्में दानव बना सकती हैं। इसलिए यह जरूरी है कि हम अच्छी फिल्में ही देखें। आजकल फिल्मों के निर्माता केवल अपनी कमाई का ही ध्यान करते हैं। जन सुधार में उनकी कोई रुचि नहीं है। दिखावे के लिए उनका उद्देश्य समाज सेवा होता है किंतु पैसे की खातिर वे सब आदर्शों और सिद्धांतों को कुरबान करने को तैयार रहते हैं। उनका भूल ध्येय अधिक-से-अधिक लोगों को आकर्षित करना होता है। हमारे देश में अच्छी फिल्मों का अभाव है।

शब्दार्थ : प्रभाव–Influence; देवता–Angels; दानव–Devils; फिल्म-निर्माता–Film Pruducers; कमाई–Earning, Profit; दिखावा–Pretention; आदर्श–Ideas; अभाव–Dearth, Scarcity.

पारिभाषिक शब्दावली

स्वतंत्रता-प्राप्ति से पूर्व तकनीकी और वैज्ञानिक क्षेत्र में हिंदी का प्रयोग बहुत सीमित था। ब्रिटिश शासन से पूर्व उत्तरी भारत के अधिकतर हिंदी भाषी राज्यों में फ़ारसी शासन की भाषा थी। तत्पश्चात् अंग्रेज़ी ने फ़ारसी का स्थान ले लिया। इसी काल में कुछ पारिभाषिक शब्दावलियों का निर्माण हुआ किंतु उनमें समानता अथवा एकरूपता नहीं थी। स्वतंत्रता के बाद पारिभाषिक शब्दों की कमियों को देखा गया और यह महसूस किया गया कि विषय-विशेष में एकार्थी शब्द निर्धारित किए जाएँ ताकि विषय का प्रतिपादन करते हुए विभिन्न अर्थों के कारण भ्रम उत्पन्न न हो।

सामान्य शब्द और पारिभाषिक शब्द में क्या अंतर है? वस्तुतः सामान्य शब्द और पारिभाषिक शब्द में कोई मौलिक अंतर नहीं है क्योंकि पारिभाषिक शब्दों की निर्माण-प्रक्रिया सामान्य शब्दों की निर्माण प्रक्रिया के नियमों के अनुसार ही चलती है। किंतु सामान्य शब्द में यथार्थ वस्तु और उसकी संकल्पना अनिश्चित रहती है। उसमें लचीलापन होता है और संदिग्धता भी हो सकती है। इसमें सामाजिक, सांस्कृतिक, मनोवैज्ञानिक, दार्शनिक, भौगोलिक आदि परिवेशों के कारण कई अर्थ निकाले जाते हैं किंतु पारिभाषिक शब्द में संकल्पना और यथार्थ वस्तु निश्चित होती हैं। उनमें स्पष्टता होती है और वे स्वयंसिद्ध होती हैं। उनके प्रयोग में सैद्धांतिक परिवेश का बोध होता है। भौतिकी, रसायनिकी, इंजीनियरी, मेडिकल, दर्शन, गणित, विधि, प्रशासन आदि के शब्द सुनिश्चित अर्थ लिए हुए होते हैं। सामान्य भाषा के शब्दों को जहाँ पारिभाषिक शब्दों के रूप में ग्रहण कर लिया जाता है, तो उनमें अर्थ का लचीलापन समाप्त हो जाता है और वह बौद्धिक तथा ज्ञानमय आदान-प्रदान में प्रयुक्त होता है। इस प्रकार पारिभाषिक शब्दों का जन्म एक सीमित बौद्धिक वर्ग में होता है और वे अपने कार्य-क्षेत्र तक सीमित रहते हैं। इसलिए विषय-विशेष में इनकी सहायता से निश्चित, स्पष्ट और अपेक्षित अभिव्यक्ति संभव होती है। किसी विषय अथवा कार्यक्षेत्र के शब्दों में उसकी विशिष्ट संकल्पना अथवा अवधारणा को परिभाषित किया जाता है। उदाहरण के लिए, सामान्य अर्थ में अँग्रेजी शब्द issue के लिए समस्या, संतान, मुद्दा जारी करना आदि शब्द मिलते हैं, किंतु पत्रकारिता में 'अंक', प्रशासन में 'निर्गम', अर्थशास्त्र में 'शेयर जारी करना' आदि प्रयुक्त होते

हैं। यदि अर्थ निश्चित नहीं होगा तो उसका प्रयोक्ता उसे एक अर्थ में प्रयुक्त करेगा और श्रोता या पाठक उसे दूसरे अर्थ में समझेगा।

पूर्ण पारिभाषिक और अर्ध पारिभाषिक शब्द

पारिभाषिक शब्दावली का निर्माण सामान्य शब्दों को लेकर ही होता है और उपसर्ग तथा प्रत्यय भी सामान्य भाषा से ही मुख्यतया लिए जाते हैं। ध्यान देने की बात केवल यही है कि पारिभाषिक शब्द के अर्थ विशेष विषय या कार्य-क्षेत्र में निश्चित कर दिए जाते हैं। इनमें कुछ ऐसे शब्द भी होते हैं जो केवल किसी विषय-विशेष में प्रयुक्त होते हैं। ऐसे शब्दों को **'पूर्ण पारिभाषिक'** शब्द कहा जाता है। जैसे, प्रशासन में अधिसूचना, अर्थशास्त्र में निवेश, गणित में संक्रिया। कुछ शब्दों का प्रयोग विषय-विशेष में भी होता है और सामान्य शब्दावली के रूप में भी होता है। इस प्रकार के शब्दों को **'अर्ध पारिभाषिक'** कहा जाता है। रस, मंजूरी, अक्षर, खपत आदि शब्दों का प्रयोग सामान्य भाषा में भी होता है और क्रमशः काव्यशास्त्र, प्रशासन, व्याकरण, अर्थशास्त्र आदि में एक निश्चित अर्थ के रूप में होता है।

पारिभाषिक शब्द अपने अर्थ के लिए अपने संदर्भ से बँधे होते हैं और संदर्भ भी इसमें बँधे रहते हैं। उदाहरण के लिए, 'आदेश' शब्द का सामान्य अर्थ 'आज्ञा' है, किंतु प्रशासन के संदर्भ में वह 'राजाज्ञा' अर्थात् 'राजा की आज्ञा' के रूप में प्रयुक्त हुआ। लेकिन सामंतकालीन व्यवस्था में शासनतंत्र की सर्वोच्च शक्ति राजा के पास थी, अतः 'राजाज्ञा' (या शाही फ़रमान) शब्द में सार्थकता थी। आज लोकतंत्र होने के कारण नियम या स्रोत व्यक्ति नहीं अपितु सभा (लोकसभा या विधान सभा) हो गई है। इसलिए 'राजाज्ञा' के स्थान पर 'आदेश' शब्द को सटीक माना गया है तथा कभी-कभी इसकी उपयुक्तता पर और बल देने के लिए 'सरकारी आदेश' भी लिखा जाता है। आदेश के कई संदर्भ हो सकते हैं, अतः अर्थ की सुनिश्चितता और प्रयोग भेद की स्पष्टता को ध्यान में रखकर पारिभाषिक शब्द बनाए गए हैं, जैसे, समादेश (Command), निदेश (Direction), अनुदेश (Instruction), अधिदेश (Mandate)।

आधुनिक विज्ञान मनुष्य की चिंतनप्रक्रिया का एक विशिष्ट रूप है। उसमें विभिन्न शब्दों में अर्थ का सीमांकन कर निर्दिष्ट स्तर पर ले जाने का प्रयास होता है। तकनीकी शब्दों में अस्पष्टता न रहे, उन्हें नापतोल कर रखा जाता है। जैसे, वेग (Velocity), गति (Speed), और चाल (Motion)। वेग में संचलन समय दर, विशिष्ट दिशा और नियमितता होती है तो गति में विशिष्ट दिशा और नियमितता नहीं होती। चाल में केवल संचलन है, शेष तीनों नहीं हैं। विधि की शब्दावली में भी यही स्थिति देखी जा सकती है। उदाहरण के लिए, अधिकार, विशेषाधिकार, परमाधिकार। अधिकार के लिए न्यायालय के दरवाज़े खटखटाए जा सकते हैं, जबकि विशेषाधिकार के लिए नहीं। परमाधिकार देश के सर्वोच्च पदाधिकारी के पास होता है। इस प्रकार यह

तकनीकी और पारिभाषिक शब्दावली विशेषज्ञ वर्ग में प्रयोजनमूलक कार्यों के लिए निर्दिष्ट अर्थ का द्योतन कराती है।

हिंदी के राजभाषा घोषित हो जाने के बाद पारिभाषिक शब्दावली के निर्माण की आवश्यकता महसूस की गई। इस संदर्भ में वैज्ञानिक तथा तकनीकी शब्दावली आयोग की स्थापना हुई। हिंदी की पारिभाषिक शब्दावली के निर्माण में संस्कृत, अंग्रेज़ी, देशज, अरबी-फ़ारसी भाषाओं के अतिरिक्त अन्य भारतीय भाषाओं से शब्द ग्रहण किए गए। उदाहरण के लिए; पदोन्नति, स्थानांतरण, विधि, संविधान, निरीक्षण, ड्यूटी, ग्रेड, मसौदा, निपटान, नज़रबंद, बर्खास्तगी, ज़मानत, हलफ़नामा, पावती, सौध।

शब्दावली निर्माण के सिद्धांत

भारत संघ की राजभाषा हिंदी घोषित हो जाने के बाद अधिकतर हिंदी भाषी राज्यों ने अपने-अपने ढंग से पारिभाषिक शब्दावली का निर्माण करना प्रारंभ कर दिया। इसका परिणाम यह हुआ कि एक ही अंग्रेजी शब्द के अलग-अलग हिन्दी पर्याय सामने आने लगे। इसमें कुछ लोग संस्कृत शब्दों को हिंदी के लिए शुद्ध रूप मानकर लेने लगे, कुछ लोग अरबी-फारसी के शब्द तथा लोक प्रचलित सामान्य शब्द लेने लगे और कुछ लोग अंग्रेजी शब्दों के समर्थक थे। ये शुद्धतावादी लोकवादी और अंतर्राष्ट्रीयतावादी विचारधाराएँ एक-दूसरे की विरोधी दिखाई दीं। इससे शब्दावली में अराजकता पैदा होने की संभावना थी। अतः इन विचारधाराओं के बीच संतुलित मार्ग अपनाने और अखिल भारतीय स्तर पर शब्दावली निर्माण के सिद्धांत निर्धारित करने के लिए भारत सरकार ने 1961 में वैज्ञानिक और तकनीकी शब्दावली आयोग की स्थापना की और उसे तकनीकी शब्दावली के मानकीकरण का दायित्व सौंपते हुए समन्वयवादी विचारधारा बनाए रखने की व्यवस्था की। आयोग ने समूचे देश के विद्वानों, वैज्ञानिकों, विषय-विशेषज्ञों और भाषाविदों से विचार-विमर्श कर शब्दावली निर्माण के सिद्धांत निर्धारित किए जो इस प्रकार हैं :

(1) इसमें उन अंग्रेज़ी शब्दों को अपनाया गया है जो अंतर्राष्ट्रीय हैं और जिनका प्रचार कम-से-कम तीन देशों में है। इसके अतिरिक्त हिंदी में आम प्रचलित अंग्रेज़ी, पुर्तगाली और फ्रांसीसी शब्दों को भी रखा गया है। जैसे, इलेक्ट्रान, प्रोटीन, न्यूट्रान, आक्सीजन, नाइट्रोजन, मशीन, इंजिन, मीटर, लीटर, फ़ाइल, कोटा, अपील।

(2) जिन शब्दों के समानांतर शब्द हमारे यहाँ मिल जाते हैं और वे अधिक प्रचलित हो चुके हों तो उन्हें ग्रहण किया जाए। तार (telegram), महाद्वीप (continent), परमाणु (atom) आदि शब्द हैं।

(3) संस्कृत शब्दावली को आधार के रूप में रखा गया है क्योंकि इसमें उपसर्ग और प्रत्यय जोड़कर अन्य शब्द आसानी से बनाए जा सकते हैं। जैसे—मानव से मानवता, मानवीय, मानवीकरण, मानविकी और भाग से विभाग, प्रभाग, अनुभाग आदि। इसी प्रकार संस्कृत के अनेक शब्द मिलते हैं—नियम, विनियम; सचिव,

उप सचिव, अवर सचिव, सचिवालय; निदेश, निदेशक, निदेशालय आदि।

(4) अरबी-फ़ारसी (या उर्दू) का संबंध भी हिंदी के साथ काफ़ी रहा है। अतः पारिभाषिंक शब्दावली में इसको अलग नहीं किया जा सकता। इसके भी कई शब्द लिए गए हैं। जैसे–मंजूरी, दस्तावेज़, वकालतनामा, हलफ़नामा, ज़िला, ज़मानत।

(5) न केवल यही, स्वभाषावादी शब्दों को भी अपनाने का पूरा-पूरा प्रयास किया गया है। जैसे–डाकघर, ज़च्चाघर, घरेलू मामले, बिचौलिया, दलबदलू, रेल-गाड़ी आदि।

(6) भारतीय शब्दों को भी यथासंभव अपनाया जा रहा है ताकि सामाजिक संस्कृति अभिव्यक्त हो सके। जैसे–मराठी से पावती (acknowledgement), कन्नड़ से सौध (annexe), बांग्ला से वाहिनी (bettalion), पंजाबी से भल (silt) लिए गए हैं।

(7) पारिभाषिक शब्दावली का निर्माण करते हुए मूल शब्दों की संकल्पनाओं का ध्यान रखते हुए अनूदित शब्द दिए जाने का प्रयास किया जा रहा है। जैसे–intensive-farming के लिए श्रम-प्रधान कृषि, extensive farming के लिए भू-प्रधान कृषि, भौतिकी में barometer के लिए 'वायुदाबमापी' रखा गया है जबकि इसका शब्दार्थ 'भारमापी' होता है।

(8) उच्चारण की दृष्टि से और हिंदी की प्रकृति के अनुसार शब्दों का सरलीकरण किया गया है। जैसे–सचिव + आलय के सचिवालय के आधार पर मंत्री + आलय का मंत्र्यालय न बनाकर मंत्रालय बनाया गया है। इसी प्रकार अन्य भाषाओं से, अकादमी (academy), तकनीकी (technique), अंतरिम (interim), त्रासदी (tragedy), कामदी (comedy), प्रावधान (प्राविधान), कानूनी (कानूनन) आदि शब्दों को सरलीकृत किया गया है।

(9) आवश्यकता पड़ने पर रूपिम और शब्द के धरातल पर संकर या सम्मिश्रित शब्द बनाए जाते हैं। जैसे–डायरीकार (अंग्रेज़ी + हिंदी), आयनीकरण (अंग्रेज़ी + हिंदी), जिलाधीश (उर्दू + संस्कृत), बेबाकी-पत्र (उर्दू + संस्कृत), ख़जाना अधिकारी (उर्दू + संस्कृत)। इनमें वस्तुतः बोधगम्यता, उपयोगिता और संक्षिप्तता का ध्यान रखा गया है।

(10) शब्द-निर्माण करते समय इस बात की ओर ध्यान दिया गया है कि समस्त शब्द में शब्दों या प्रत्ययों का अनुवाद एक रूप में किया जाए ताकि वह बोधगम्य या सरल हो सके। जैसे, tele के लिए 'दूर' शब्द है और इससे बने समस्त शब्द अर्थात् दूरभाष (telephone), दूरदर्शन (television), दूरमुद्रक (teleprinter), दूरसंचार (telecommunication) और इसी प्रकार प्रत्यय ation के लिए 'करण' प्रत्यय है। जैसे–राष्ट्रीयकरण (nationalization)), भारतीयकरण (Indianization), औद्योगीकरण (industrialization), विद्युतीकरण (electrification), विकेंद्रीकरण (decentralization), पंजीकरण (registration)।

(11) हिंदी पर्यायों का चयन करते समय सरलता, अर्थ की परिशुद्धता और बोधगम्यता का ध्यान विशेष रूप से रखा गया है। जैसे–Managing Director (प्रबंध निदेशक), लालफ़ीताशाही (redtapism), उपदान (gratuity), मुख्यालय (Head

office), सेवा निवृत्ति (retirement)।

(12) हिंदी पारिभाषिक शब्दावली में जो अंतर्राष्ट्रीय शब्द अपनाए गए हैं उनमें अन्य कोई कारण न होने पर लिंग-विधान की दृष्टि से उन्हें पुल्लिंग रूप में प्रयुक्त किए जाने की व्यवस्था की गई है।

इस प्रकार पारिभाषिक शब्दों के अर्थ सुनिश्चित और स्पष्ट होने चाहिए। इसमें इस बात का ध्यान रखा जाना चाहिए कि इनमें न तो अव्याप्ति दोष हो और न ही अतिव्याप्ति। शब्द यथासाध्य छोटे हों और उन पर 'गागर में सागर भरने' वाली कहावत लागू होनी चाहिए।

पारिभाषिक शब्दावली के प्रयोग में होने वाली अशुद्धियाँ

पारिभाषिक शब्दावली का प्रयोग करते हुए कई प्रकार की अशुद्धियाँ हो जाती हैं। विभिन्न विषयों में कई पारिभाषिक शब्द अलग-अलग अर्थों में प्रयुक्त होते हैं। उदाहरण के लिए, अंग्रेज़ी का 'रिएक्शन' शब्द भौतिकी, रसायनिकी और वनस्पति विज्ञान में प्रयुक्त होता है। भौतिकी में इसके लिए 'प्रतिक्रिया', रसायन में 'अनुक्रिया' और वनस्पति विज्ञान में 'अभिक्रिया' शब्द का प्रयोग होता है। इसी प्रकार 'फोकस' शब्द गणित में 'नाभि', भौतिकी में 'फोकस' और भूगोल में 'उद्गम केंद्र' के रूप में प्रयुक्त होता है। यदि इनमें से किसी शब्द को किसी अन्य विषय क्षेत्र में प्रयुक्त किया जाए तो वह अशुद्ध होगा। 'इश्यू' शब्द प्रशासन में 'निर्गम', पत्रकारिता में 'अंक' और अर्थशास्त्र में 'शेयर जारी करना' के अर्थ में प्रयुक्त होता है। इसके विपरीत कभी-कभी अंग्रेज़ी में कई शब्दों का प्रयोग होता है जबकि उन सभी के लिए हिंदी में एक शब्द होता है। जैसे हिंदी का 'पद' शब्द है इसके लिए अंग्रेज़ी में कविता में 'वर्स', समाजविज्ञान में 'स्टेटस', भाषा विज्ञान में 'वर्डफ़ार्म या फ्रेस' और प्रशासन में 'पोस्ट' शब्द प्रयुक्त होते हैं। इसी प्रकार ''धातु' शब्द के लिए अंग्रेजी में आयुर्विज्ञान में 'एलिमेंट', व्याकरण में 'रूट', और धातुविज्ञान में 'मेटल' का प्रयोग होता है।

कभी-कभी एक ही विषय में अलग-अलग संदर्भों में अलग-अलग शब्दों का प्रयोग होता है। उदाहरण के लिए, अर्थशास्त्र में 'पेपर रेट', 'पेपर करेंसी' और 'पेपर मनी' के लिए क्रमशः 'प्रकाशित दर', 'रुक्के पर उधार', 'करेंसी नोट' और 'कागज़ी मुद्रा' शब्द प्रयुक्त होते हैं। यदि यहाँ 'पेपर क्रेडिट' के लिए 'प्रकाशित उधार' लिखा जाएगा तो वह पूर्णतया अशुद्ध होगा।

तकनीकी विषयों में सामान्य शब्दों का प्रयोग प्रायः नहीं होता। रसायन में 'पानी' और 'नमक' के लिए 'जल' और 'लवण' का प्रयोग होता है। इसी प्रकार प्रशासन में 'आज्ञा' आदि का प्रयोग न होकर 'आदेश' का प्रयोग होता है। वास्तव में पारिभाषिक शब्दावली का प्रयोग करते हुए उसके चयन में बहुत ही सजग एवं सतर्क रहने की आवश्यकता है।

पारिभाषिक शब्दावली

प्रशासन

Account लेखा/खाता/हिसाब-किताब
Account book लेखा बही
Account head लेखा शीर्ष
Account, joint संयुक्त लेखा
Accountant लेखाकार
Account General महालेखाकार
Accounts officer लेखा अधिकारी
Acknowledgement पावती/प्राप्ति/सूचना/अभिस्वीकृति
Act अधिनियम/कार्य
Acting कार्यकारी
Action कार्रवाई
Ad hoc तदर्थ
Adjournment स्थगन
Administration प्रशासन
Administrative प्रशासनिक/प्रशासी/प्रशासकीय
Administrator प्रशासक
Admissibility ग्राह्यता/स्वीकार्यता
Admonition भर्त्सना
Advalorem यथामूल्य
Advance अग्रिम/पेशगी
Adviser सलाहकार
Affidavit शपथपत्र/हलफ़नामा
Agenda कार्यसूची/कार्यक्रम
Agreement करार/अनुबंध
Allegation आरोप/अभिकथन
Allotment आबंटन
Allowance भत्ता
Allowance, city compensatory नगर प्रति-पूरक भत्ता
—,dearness महँगाई भत्ता
—,overtime समयोपरि भत्ता
—,travelling यात्रा भत्ता
Amendment संशोधन
Annexure अनुलग्नक
Anomaly असंगति
Antecedents पूर्ववृत्त
Anticipated expenditure प्रत्याशित व्यय
Appendix परिशिष्ट
Appointment नियुक्ति
Appropriation विनियोजन
Approval अनुमोदन
Article अनुच्छेद/नियम/वस्तु
Assessment कर-निर्धारण
Assistant सहायक
At par सममूल्य
Attached संलग्न, संबद्ध
Attestation साक्ष्यांकन/तसदीक
Audit लेखापरीक्षा
Auditor लेखापरीक्षक
Autonomous स्वायत्त
Bill विधेयक/हुंडी/बिल
Bulletin समाचारिका/बुलेटिन
Cabinet मंत्रिमंडल
Candidate अभ्यर्थी/प्रत्याशी/उम्मीदवार
Caretaker अवधायक/रखवाल
Cashier रोकड़िया
Cell कक्ष/प्रकोष्ठ
Chancellor कुलाधिपति
Centralization केन्द्रीकरण
Charge sheet आरोप पत्र
Chronological summary तारीखवार सार
Circular परिपत्र
Clerical error लेखन-अशुद्धि
Clerk लिपिक
—, Lower Division अवर श्रेणी लिपिक
—, Upper Division प्रवर श्रेणी लिपिक
Code संहिता/कोड
Collector समाहर्ता
Commission आयोग

Commissioner आयुक्त
Communique विज्ञप्ति
Competent authority सक्षम-अधिकारी
Concurrence सहमति
Consultant परामर्शदाता
Contigencies आकस्मिक व्यय
Corrigendum शुद्धिपत्र
Counter Signature प्रतिहस्ताक्षर
De facto वस्तुतः
Demotion पदावनति
Deputation प्रतिनियुक्ति
Designation पदनाम
Despatch प्रेषण
Directive निदेश
Director निदेशक
Director General महानिदेशक
Directorate निदेशालय
Directory निर्देशिका
Discrepancy विसंगति
Discretionary power विवेकाधिकार
Dissent विसम्मति/असहमति
Division प्रभाग/मंडल
Document प्रलेख/दस्तावेज़
Draft प्रारूप, मसौदा
Drafting प्रारूपण/मसौदा लेखन
Draftsman प्रारूपकार, नक़्शानवीस
Efficiency Bar दक्षतारोध
Emergency आपातस्थिति/आपातिक
Emoluments परिलब्धियाँ
Employer नियोक्ता
Enclosure संलग्नक
Endorsement पृष्ठांकन
Enquiry जाँच, पूछताछ
Errata शुद्धिपत्र
Exchequer राजकोप
Executive कार्यपालिका/कार्यपालक
Executive Director कार्यपालक निदेशक
Exigencies of work कार्यहित
Ex-officio पदेन
Ex parte एक पक्षीय/एकतरफ़ा
File मिसिल/फाइल
—,movement मिसिल संचलन
Financial year वित्तवर्ष
Fund निधि
—,Provident भविष्य निधि
Gazette राजपत्र
Gazetted Holiday राजपत्रित छुट्टी
Gazetted officer राजपत्रित अधिकारी
General Manager महाप्रबंधक
Grant अनुदान
Headquarter मुख्यालय
Honorarium मानदेय
Honorary अवैतनिक
Identity Card पहचान पत्र
Interim letter अंतरिम उत्तर
Investigater अन्वेषक
Invoice बीजक
Issue निर्गम/जारी करना
Joining date कार्यग्रहण तारीख
Judicial न्यायिक/अदालती
Judiciary न्यायपालिका
Junior कनिष्ठ/अवर
Jurisdiction क्षेत्राधिकार
Leave अवकाश/छुट्टी
Leave Earned अर्जित छुट्टी
Leave Extraordinary असाधारण छुट्टी
Leave Maternity प्रसूति छुट्टी
Leave Quarantine संगरोध छुट्टी
Leave Restricted वैकल्पिक/प्रतिबंधित सीमित
Legislature विधायिका/विधानमंडल
Liaison officer संपर्क अधिकारी
Lien पूर्वाग्रहणाधिकार/लीयन
Mailing list डाक सूची
Maintenance अनुरक्षण/रखरखाव
Management प्रबंधन/व्यवस्था

Manager प्रबंधक
Managing Director प्रबंधक निदेशक
Mandate अधिदेश
Mayor महापौर
Minister मंत्री
Minister Chief मुख्यमंत्री
Minister Deputy उपमंत्री
Minister Prime प्रधानमंत्री
Minister of State राज्य मंत्री
Minister without portfolio निर्विभाग मंत्री
Ministry मंत्रालय
Minutes कार्यवृत्त
Misappropriation दुर्विनियोग
Modus operandi कार्य प्रणाली
Motion प्रस्ताव
Needful आवश्यक कार्रवाई
No demand certificate बेबाकी पत्र
No objection certificate अनापत्ति पत्र
Non-gazetted अराजपत्रित
Non-official गैर-सरकारी/अशासनिक
Notification अधिसूचना
Office Memorandum कार्यालय ज्ञापन
Officer on special duty विशेष कार्याधिकारी
Official शासकीय/सरकारी/आधिकारिक
Officiating स्थानापन्न
On Probation परिवीक्षाधीन
Panel नामिका
Parliament संसद
Passport पारपत्र/पासपोर्ट
Pay scale वेतनमान
Pending लंबित/रुका हुआ
Plan योजना
Post पद
Posting तैनाती
Postpone स्थगित करना/मुल्तवी करना
Prima facic case प्रथम दृष्टि में प्रतीत मामला
Procedure कार्यविधि
Proceedings कार्यवाही
Project परियोजना
Qualification अर्हता/योग्यता
Question hour प्रश्नकाल
Quorum गणपूर्ति/कोरम
Receipt आवती
Recommendation संस्तुति/सिफारिश
Record अभिलेख/रिकार्ड
Recruitment भर्ती
Registrar कुल सचिव (विश्वविद्यालय में) पंजीयक, पंजीकार
Registration पंजीकरण
Reminder स्मरण पत्र/अनुस्मारक
Representation अभ्यावेदन/प्रतिनिधित्व
Representative प्रतिनिधि
Reservation आरक्षण
Resolution संकल्प
Retirement सेवानिवृत्ति
Retrenchment छँटनी
Routine नेमी
Sanction स्वीकृति/मंजूरी
Scheme योजना
Secretary सचिव
Secretary Additional अपर सचिव
Secretary Deputy उपसचिव
Secretary Joint संयुक्त सचिव
Secretary Under अवर सचिव
Secretariat सचिवालय
Section अनुभाग
Seniority वरिष्ठता/ज्येष्ठता
Sine dine अनिश्चित काल के लिए
Speaker of Lok Sabha अध्यक्ष
Standing Committee स्थायी समिति
Statutory सांविधिक
Subordinate अधीनस्थ/मातहत

Substitute एवजी/स्थानापन्न
Superintendent अधीक्षक
Supervisor पर्यवेक्षक
Supplementary अनुपूरक
Surety Bond जमानतनामा
Technical तकनीकी
Transfer स्थानांतरण/तबादला/बदली
Treasurer कोषाध्यक्ष/ख़ज़ांची
Treasury कोष/ख़ज़ाना
Undertaking उपक्रम, वचनबद्धता
Verification सत्यापन
Vice chancellor कुलपति
Vice President उपराष्ट्रपति, उपाध्यक्ष
Warrant अधिपत्र/वारंट
Whip सचेतक
Zero शून्यकाल

वाणिज्यिक

Accessory उपसाधक/सहसाधन
Account, Current चालू खाता
Account, Fixed deposit सावधिक जमा खाता
Account, Saving bank बचत बैंक खाता
Account day निपटारा दिन
Adjustment समायोजन
Advertisement विज्ञापन
Annual return वार्षिक विवरणी
Annuity वार्षिकी
Ante dated cheque पूर्वतिथीय चेक
Appreciation मूल्य वृद्धि
Assets परिसंपत्ति/आसात्तियाँ
Assurance आश्वासन
Auction नीलाम
Balance sheet तुलनपत्र
Banking अधिकोषण/बैंकिंग
Bond बंधपत्र/बांड
Bonded deal अनुबद्ध सौदा
Bonus लाभांश, बोनस
Borrowed note जमानती रुक्का
Breakage टूट-फूट
Broker दलाल
Brokerage दलाली
Buffer stock सुरक्षित भंडार
Bumper crop जोरदार फसल
Call doposit माँग जमा
Carrying over आगे ले जाना
Cash Book रोकड़ वही
Chamber of Commerce वाणिज्य मंडल
Claiment दावेदार/दावी
Clearance निकासी/छुड़ाना
Clearing निकासी/समाशोधन
Client ग्राहक
Closed mortgage एकल ऋण बंधक
Collection उगाही/वसूली
Commercial Bank वाणिज्य बैंक
Controller and Auditor General नियंत्रक और महालेखापरीक्षक
Consignee परेषिती/माल पाने वाला
Consignment परेषण
Consumer उपभोक्ता
Consumption उपभोग/खपत
Contract संविदा/ठेका
Credit उधार/साख/जमा
Creditor ऋण दाता/लेनदार
Crossed cheque रेखित चेक
Currency मुद्रा/करेंसी
Curreney & Mint मुद्रा और टकसाल
Custodian अभिरक्षक
Custom duty सीमा शुल्क, तट कर
Damage हर्जाना/क्षतिपूर्ति
Demurrage विलंब शुल्क, डेमरेज
Dead Security रद्द ऋणपत्र
Debenture ऋणपत्र

Debtor ऋणी/लेनदार
Deduction कटौती
Deed of sale बिक्री पत्र
Despatcher प्रेषक
Demurrage विलंब शुल्क
Deposit जमा/निक्षेप
Depositor जमाकर्त्ता
Depreciation अवमूल्यन
Disbursement संवितरण/बाँटना
Discharged bill चुकाई हुंडी/चुकाया बिल
Discount बट्टा/छूट
Dishonoured अस्वीकृत/अनादृत
Dividend लाभांश
Down payment तत्काल अदायगी
Drawee अदाकर्ता
Earnest money बयाना, धरोहर राशि
Encashment भुनाना/तुड़ाना
Enterprise उद्यम
Equity सामान्य शेयर/इक्विटी
Exchange विनिमय
Exemption छूट
Factor आढ़तिया
Fire Insurance अग्नि बीमा
Fixed Deposit सावधि निक्षेप
Floatation ऋण चालू करना
Guarantee प्रत्याभूति/गारंटी
Hard Cash नगदी
Hard Currency दुर्लभ मुद्रा
Higgling भाव-ताव/मोल-तोल करना
Hypothetication of goods माल बंधक रखना/माल रेहन रखना
Import आयात
Indemnity Bond क्षतिपूर्ति बंधपत्र
Indigenous Bank देशी बैंक
Inflation स्फीति
Insolvency दिवालापन
Insolvent दिवालिया
Insurance बीमा
Investment निवेश
Land mortgage Bank भूमि बंधक बैंक
Lean year मंदा वर्ष
Lease rental पट्टा किराया
Ledger लेखा खाता
Letter of Credit साखपत्र
Liability दायित्व/देयता
Liasion Officer संपर्क अधिकारी
License अनुज्ञप्ति/लाइसेंस
Liquidation परिसमापन
Market Price बाजार भाव
Marketing विपणन/खरीदारी
Merchandising क्रय-विक्रय
Middleman बिचौलिया
Monopoly एकाधिकार
Moratorium भुगतान स्थगन/भुगतान विलंबन
Nomination नामांकन
Out put पैदावार
Outstation Cheque बाहरी चेक
Outward Clearing निर्गामी समाशोधन
Over payment अधिक अदायगी
Pawn गिरवी
Premium प्रीमियम
Promisory note रुक्का/प्रतिज्ञा पत्र
Quotation निर्ख, मूल्य कथन
Quorum गणपूर्ति, कोरम
Rebate छूट
Refund धन वापसी
Remuneration पारिश्रमिक/मेहनताना
Returns वापस माल/वापस हुंडी
Sample नमूना/प्रतिदर्श
Saturation संतृप्ति
Small Saving लघु बचत
Strong Room सुरक्षित कक्ष
Subsidy आर्थिक सहायता
Super tax अधिकर
Surcharge अधिभार

Tabulation सारणीकरण
Tally roll मिलान पत्रक
Taxation कराधान
Tender निविदा/टेंडर
Warehouse मालगोदाम/भांडागार
Wholesaler थोक व्यापारी
Winding up समापन/समेटना
Withdrawn bill निकाली गई राशि
Write off बट्टे खाते डालना
Yield उत्पत्ति, प्राप्ति

मानविकी

Abnormal अपसामान्य
Absolutism परमवाद/निरपेक्षवाद/ब्रह्मवाद
Acculturation संस्कृति ग्रहण
Adulteration अपमिश्रण
Aesthetics सौंदर्यशास्त्र
Agency अभिकरण
Ambassador राजदूत
Analogy सादृश्य/अनुरूपता
Anarchism अराजकतावाद
Anthropology मानवविज्ञान/नृविज्ञान
Aptitude अभिरुचि/अभिक्षमता
Attitude अभिवृत्ति
Autocratic एकतंत्रीय/निरंकुश
Behaviourism व्यवहारवाद
Bureaucracy नौकरशाही/दफ्तरशाही
Ceiling उच्चतम सीमा
Census जनगणना
Charter अधिकार पत्र
Class struggle वर्ग संघर्ष
Coalition government संयुक्त सरकार/बहुदलीय सरकार
Comedy कामदी
Concept संकल्पना, संप्रत्ययन, अवधारणा
Constitution संविधान
Criterion प्रतिमान/निकष
Criticism समालोचना/समीक्षा
Decontrol विनियंत्रण
Democracy लोकतंत्र/प्रजातंत्र
Diagnosis निदान
Devaluation मूल्यह्रास
Diplomacy कूटनीति
Egoism अहंवाद
Encroachment अतिक्रमण/अवैध कब्ज़ा
Environment पर्यावरण/परिवेश
Epic महाकाव्य
Escapist पलायनवादी
Estate duty संपदा शुल्क
Ethics नीतिशास्त्र
Excavation खुदाई
Extrovert बहिर्मुखी
Fanaticism धर्मांधता/मतांधता
Folklore लोककथा
Genealogy वंशावली
Gradation स्तरीकरण/श्रेणीकरण
Hereditary पैतृक
Idealism आदर्शवाद/प्रत्ययवाद
Intution अंतःप्रज्ञा/प्रातिभ ज्ञान
Investigation अन्वेषण
Journalism पत्रकारिता
Learning सीखना/अनुशिक्षण
Lecturer प्राध्यापक, व्याख्याता
Linguistics भाषाविज्ञान
Lockout तालाबंदी
Logic तर्कशास्त्र
Mass media जनसंचार
Materialism भौतिकवाद
Metaphysics तत्त्व मीमांसा
Ominipotence सर्वशक्तिमत्ता
Omnipresence सर्वव्यापिता
Omniscience सर्वज्ञता

Optimism आशावाद
Pessimism निराशावाद
Poetics काव्यशास्त्र
Population जनसंख्या/आबादी
Principal प्राचार्य, प्रधानाध्यापक
Projective प्रक्षेपी
Professor आचार्य
Psychology मनोविज्ञान
Puritan शुद्धतावादी
Reader उपाचार्य, प्रपाठक, पाठक
Rhetoric अलंकारशास्त्र/रीतिशास्त्र
Relativism सापेक्षवाद
Socialism समाजवाद
Scepticism संशयवाद
Strong Room सुरक्षित कक्ष/तिजोरी कक्ष/ स्टांग रूम
Subconscious अवचेतन
Talent अभियोग्यता
Tragedy त्रासदी
Transformation रूपांतरण
Voluntary स्वैच्छिक

विज्ञान

Abdomen उदर
Absorbent अवशोधक
Accelerator त्वरक
Acoustics ध्वनिविज्ञान
Aeronautics वैमानिकी, विमान विज्ञान
Amplifier प्रवर्धक
Amputation अंगोच्छेदन
Anaemia रक्तक्षीणता
Anaesthesia संज्ञाहरण
Antibiotic प्रतिजैविक
Anatomy शरीर रचना, शरीर रचना विज्ञान
Astrophysics खगोल भौतिकी
Atom परमाणु
Audio-visual दृश्य-श्रव्य
Aviation विमानन
Biophysical जैवभौतिक
Botany वनस्पति विज्ञान
Breeding प्रजनन
Catalyst उत्प्रेरक
Chemistry रसायनिकी/रसायन विज्ञान
Circumference परिधि
Condensation द्रवण/संघनन
Cosmology विश्वविज्ञान
Crew कर्मीदल
Decan hemp पटसन/सनकोकड़ा
Density घनत्व
Diagnosis निदान
Drug Addiction मादक व्यसन
Earthwire भूतार
Ecology परिस्थिति विज्ञान
Electric locomotive विद्युत इंजन
Electrocution विद्युत मारण
Energy ऊर्जा
Engineering अभियांत्रिकी/इंजीनियरी
Expiration निःश्वसन
Fossil जीवाश्म
Fleet बेड़ा
Flue pipe चिमनी
Generator जनित्र/प्रजनक
Genetic आनुवांशिक/जननिक
Geology भूविज्ञान/भौमिकी
Hardware यंत्र सामग्री, हार्डवेयर
Hypertension अतितनाव
Instrument उपकरण
Intern अंतः शिक्षु/स्थानबद्ध
Isotope समस्थानिक
Landing उत्तराई, अवतरण, उतरना
Light year प्रकाश वर्ष

Magnetosphere चुंबक मंडल
Malnutrition कुपोषण
Mechanics यांत्रिकी
Microwave सूक्ष्मतरंग
Navigation नौचालन
Neurosis मनस्ताप
Nucleus नाभिक/केन्द्रक
Nutrition पोषण
Obstetrics प्रसूतिविद्या
Ontogeny व्यक्तिवृत्त
Operation संक्रिया/परिचालन
Optics प्रकाशिकी
Oscillation दोलन
Parasite परजीवी
Pathology रोगविज्ञान
Physics भौतिकी/भौतिक विज्ञान
Product उत्पादन/गुणनफल
Radiation विकिरण
Radiologist विकिरण विज्ञानी/रेडियोलाजिस्ट
Response अनुक्रिया
Satellite उपग्रह
Software प्रक्रिया सामग्री, साफ्टवेयर
Statistics सांख्यिकी
Stimulus उद्दीपन
Supersonic पराध्वनिक
Symptom लक्षण
Synthesis संश्लेषण
Take off आरोहण, उड़ान भरना, अपरितरण
Technology प्रौद्योगिकी
Tissue ऊतक/टिशू
Vibration कंपन
Zoology प्राणिविज्ञान